Pôr o leitor directamente em contacto
com textos marcantes da história da filosofia
– através de traduções feitas
a partir dos respectivos originais,
por tradutores responsáveis,
acompanhadas de introduções
e notas explicativas –
foi o ponto de partida
para esta colecção.
O seu âmbito estender-se-á
a todas as épocas e todos os tipos
e estilos de filosofia,
procurando incluir os textos
mais significativos do pensamento filosófico
na sua multiplicidade e riqueza.
Será assim um reflexo da vibratilidade
do espírito filosófico perante o seu tempo,
perante a ciência
e o problema do homem
e do mundo.

A Ideia da Fenomenologia

Título original:
Die Idee der Phänomenologie -
(Band II Husserliana)

© Martins Nijhoff

Tradução: Artur Morão

Capa de FBA

Depósito Legal n° 269299/07

Impressão e acabamento:
DPS – Digital Printing Services, LDA.
para
EDIÇÕES 70, LDA.
Março de 2019

ISBN: 978-972-44-1377-8
ISBN da 1ª edição: 972-44-0373-4

Direitos reservados para todos os países de língua portuguesa
por Edições 70

EDIÇÕES 70, Lda.
Avenida Engenheiro Arantes e Oliveira, n.º 11 – 3.º C 1900-221 Lisboa
Telefs.: 213190240 – Fax: 213190249
e-mail: geral@edicoes70.pt

www.edicoes70.pt

Esta obra está protegida pela lei. Não pode ser reproduzida,
no todo ou em parte, qualquer que seja o modo utilizado,
incluindo fotocópia e xerocópia, sem prévia autorização do Editor.
Qualquer transgressão à lei dos Direitos de Autor será passível
de procedimento judicial.

Edmund Husserl
A Ideia da Fenomenologia

ADVERTÊNCIA DO TRADUTOR

Na versão deste famoso opúsculo de Edmund Husserl, que constitui o II volume da Husserliana (ª), foi meu propósito aderir o mais estreitamente possível ao texto original; apesar de ser claro, conciso e logicamente concatenado, nem sempre prima pelo fulgor literário, e, por vezes, mostra-se demasiado redundante. Impus-me, pois, a fidelidade total à expressão e ao conteúdo do pensamento de Husserl. Procurei, para isso, encontrar ou adaptar termos correspondentes que, embora não muito vulgares no nosso idioma, lhe são, no entanto, consentâneos e não ferem a sua lógica interna. No fim do volume, um breve glossário inclui os termos mais nucleares ou, pelo menos, mais problemáticos.

Prestou-me grande ajuda a tradução espanhola de Miguel Garcia-Baró, de que aproveitei a selecção das notas críticas ao texto (aliás, por indicação da Editora Martinus Nijhoff) e uma ou outra solução relativa a termos mais difíceis. Está

(ª) Die Idee der Phänomenologie. Funf Vorlesungen. Hrsg.u.eing. Walter Biemel (Husserliana, II), Haia, Martinus Nijhoff 1973². Dele existem já as seguintes traduções: The Idea of Phenomenology (trad. de W. P. Alston e G. Nakhnikian; intr. de G. N.), The Hague, M. Nijhoff 1964; L'Idée de la phénoménologie (trad. de Alexandre Lowit), Paris, P.U.F., 1970; La Idea de la Fenomenología (trad. por Miguel García--Baró), México-Madrid, Fondo de Cultura Económica, 1982

8 | EDMUND HUSSERL

neste caso a dupla de afectivos alemães real *e* reell, *que não é possível conservar em português sem gerar confusão. O primeiro significa, em Husserl, 'real' no sentido de 'mundano, pertencente à realidade natural', e o segundo quer também dizer 'real', mas em relação apenas às componentes do vivido (segundo P. Ricoeur)* [b], *isto é, aquilo que forma parte da consciência e se encontra no tempo fenomenológico. Aproveitando a versão do tradutor espanhol – o qual, por seu turno, depende de José Gaos –, traduzi* reell *por 'ingrediente' (ou, ainda, 'incluso').*

Na margem de cada página do presente volume, indica-se, entre barras, a paginação da edição alemã. As notas críticas finais fornecem apenas as observações mais importantes que Husserl fez ao texto primitivo. Quem desejar um conspecto mais circunstanciado terá de consultar o respectivo volume da Husserliana.

Espero que este esforço de translação da terminologia de Husserl para a nossa língua seja bem aceite, embora seja eu o primeiro a sentir-me insatisfeito com o resultado. Mostrar-me-ei, pois, grato a quem apresentar correcções (para futuras reimpressões) ou sugestões mais felizes e adequadas para determinados termos. Husserl merece uma tal solicitude e atenção.

Artur Morão

---

[b] Cf. na sua tradução das *Idées directrices pour une phénoménologie* de Husserl, Paris, Gallimard, 1950.

INTRODUÇÃO DO EDITOR ALEMÃO

O *significado das cinco lições presentes – A Ideia da* Fenomenologia *(introdução a* Fragmentos da Fenomenologia e da Crítica da Razão) *–, pronunciadas por Husserl em Göttingen, de 26 de Abril a 2 de Maio de 1907, sobressai inequivocamente quando procuramos entender em que momento da evolução espiritual de Husserl elas surgiram, que viragem no seu pensamento representam. Eis o que se propõe esclarecer esta introdução.*

Seis anos após o aparecimento das Investigações Lógicas, *Husserl atravessa uma crise difícil. Na altura, sofre ainda a humilhação de ver recusada pela Universidade de Göttingen a proposta do Ministério da Educação para a sua nomeação como professor ordinário de filosofia. Parece que este «desprezo dos colegas» o afectou mais do que ele queria admitir. Mas, mais grave do que este fracasso externo é a dúvida acerca de si mesmo que o atormenta, e de tal modo que põe em questão a sua existência como filósofo.*

Deste desespero brota a decisão de fazer luz sobre si próprio e sobre a sua tarefa.

Em 25 de Setembro de 1906, escreve na sua agenda em que, de vez em quando, inseria anotações em estilo de diário([1]):

([1]) A agenda encontra-se no Arquivo sob a indicação X x 5.

10 | EDMUND HUSSERL

«*Em primeiro lugar, menciono a tarefa geral que tenho de resolver para mim mesmo, se é que pretendo chamar-me filósofo. Refiro-me a uma* crítica da razão. *Uma crítica da razão lógica, da razão prática e da razão valorativa em geral. Sem clarificar, em traços gerais, o sentido, a essência, os métodos, os pontos de vista capitais de uma crítica da razão, sem dela ter pensado, esboçado, estabelecido e demonstrado um projecto geral, não posso verdadeira e sinceramente viver. Os tormentos da obscuridade, da dúvida que vacila de um para o outro lado, já bastante os provei. Tenho de chegar a uma íntima firmeza. Sei que se trata de algo grande e imenso; sei que grandes génios aí fracassaram; e, se quisesse com eles comparar-me, deveria de antemão desesperar...*» (p. 17 s.).

A ressonância do título da principal obra kantiana não é acaso nenhum. Husserl, *nesta época, ocupou-se detidamente de* Kant; *desta ocupação veio-lhe a ideia da fenomenologia como* filosofia transcendental, *como* idealismo transcendental, *e a ideia da redução fenomenológica* ([2]). *(Há que renunciar aqui a abordar a questão da diferença entre o pensamento de Kant e o de Husserl, em especial relativamente à ideia básica da «constituição».)*

A redução fenomenológica *proporciona o* acesso *ao modo de consideração transcendental; possibilita o retomo à «consciência». Vemos nela como é que os objectos se constituem. Efectivamente, com o* idealismo transcendental, *caminha-se para o centro do seu pensamento, o problema da* constituição dos objectos na consciência *ou, como Husserl também diz, «a dissolução do ser na consciência».'*

Nas Cinco Lições, *exprimiu Husserl* pela primeira vez *em público estas ideias, que haviam de determinar todo o seu*

([2]) É nesta altura que Husserl trava conhecimento com Dilthey, que foi para ele de grande importância. – Infelizmente, até agora não se encontraram as cartas destes anos.

A IDEIA DA FENOMENOLOGIA | 11

pensamento ulterior. Nelas oferece uma clara exposição tanto da redução fenomenológica como da ideia fundamental da constituição dos objectos na consciência.

Um primeiro rudimento da ideia da redução *encontramo- -lo já no Verão de 1905, nas chamadas* Folhas de Seefeld *(Indicação: A* VII *25); no entanto, a diferença relativamente às* Cinco Lições *é muito grande. Em 1905, pode falar-se sobretudo de um primeiro tactear titubeante, ao passo que, nas* Cinco Lições, *a ideia já está expressa em toda a sua significação, e já se divisou o nexo com o essencial problema da constituição.*

As ideias fundamentais das Cinco Lições *não mais abandonaram Husserl, como nos mostram os manuscritos conservados, entre os quais queremos mencionar apenas os mais importantes e em imediata conexão com as lições. De Setembro de 1907 e Setembro de 1908, os manuscritos B* II *1 e B* II *2; em seguida, a lição de 1909 – «Ideia da fenomenologia e do seu método» (F* I *17); a lição sobre a redução ampliada, de 1910/11 (F* I *43); a lição sobre a redução fenomenológica, de 1912 (B* II *19); e, por fim, a lição de 1915, paralela à de 1909 – (Problemas fenomenológicos selectos) – (F* I *31). Num destes manuscritos (Setembro de 1907, B* II *1), especifica Husserl o seguinte acerca da sua nova posição, em ligação com as* Investigações Lógicas:

«As 'Investigações Lógicas' fazem passar a fenomenologia por psicologia descritiva *(embora fosse nelas determinante o interesse teórico-cognoscitivo). Importa, porém, distinguir esta psicologia descritiva, e, claro, entendida como fenomenologia empírica da* fenomenologia transcendental...

O que nas minhas 'Investigações Lógicas' se designava como fenomenologia psicológica descritiva concerne à simples esfera das vivências, segundo o seu conteúdo incluso. As vivências são vivências do eu que vive, e nessa medida referem-se empiricamente às objectidades da natureza. Mas, para uma fenomenologia que

12 | EDMUND HUSSERL

pretende ser gnoseológica, para uma doutrina da essência do conhecimento (a priori), fica desligada a referência empírica. Surge assim uma fenomenologia transcendental, que foi efectivamente aquela que se expôs em fragmentos, nas 'Investigações Lógicas'. Nesta fenomenologia transcendental, *não nos havemos com ontologia apriórica, nem com lógica formal e matemática formal, nem com geometria como doutrina apriórica do espaço, nem com cronometria e foronomia aprióricas, nem com ontologia real apriórica de qualquer espécie (coisa, mudança, etc.). A fenomenologia transcendental é fenomenologia da* consciência constituinte *e, portanto, não lhe pertence sequer um único axioma objectivo (referente a objectos que não são consciência...).*

O interesse gnoseológico, transcendental, não se dirige ao ser objectivo e ao estabelecimento de verdades para o ser objectivo, nem, por conseguinte, para a ciência objectiva. O elemento objectivo pertence justamente às ciências objectivas, e é afazer delas e exclusivamente delas apenas alcançar o que aqui falta em perfeição à ciência objectiva. O interesse transcendental, o interesse da fenomenologia transcendental *dirige-se antes para a consciência enquanto consciência, vai somente para os fenómenos, fenómenos em duplo sentido: 1) no sentido da aparência* (Erscheinung) *em que a objectividade aparece, 2) por outro lado, no sentido da objectidade* (Objektität) *tão só considerada enquanto justamente aparece nas aparências e, claro está, «transcendentalmente», na desconexão de todas as posições empíricas...*

Dilucidar estes nexos entre verdadeiro ser *e* conhecer *e, deste modo, investigar em geral as correlações entre acto, significação e objecto, é a tarefa da fenomenologia transcendental (ou da filosofia transcendental).* (Citado segundo o manuscrito original: B II I, folhas 25a e seguinte.)

A IDEIA DA FENOMENOLOGIA | 13

Visto que este manuscrito, tal como as Cinco Lições, *procede de 1907, haveria que corrigir a afirmação de que* Husserl *só com as* Ideias para uma Fenomenologia Pura *(1913) transitou para o idealismo.*

As Cinco Lições *foram pronunciadas como introdução à* Lição sobre a Coisa, *uma lição de quatro horas, no semestre de Verão de 1907. A* Lição sobre a Coisa *pertence ao ciclo lectivo «Fragmentos principais da Fenomenologia e da Crítica da razão», em que* Husserl *tenta levar a cabo a «tarefa geral» de uma «crítica da razão». Ele próprio apelida de grande tentativa a lição sobre a coisa física: «ensaio de uma fenomenologia da coisidade e, em particular, da especialidade» (x x 5, p. 24). Precisamente porque a ideia-meta nas* Cinco Lições *é a da constituição, a de «que a toda a espécie fundamental de objectos corresponde uma constituição particular, que a fenomenologia deve investigar», não é de estranhar que* Husserl *lhes fizesse seguir, por assim dizer como execução de uma tal investigação constitutiva, a lição acerca da constituição da coisa.*

Os discípulos, no entanto, parecem não ter apreendido a importância da Lição sobre a Coisa, *pois* Husserl *fez esta observação em 6 de* Março *de 1908 (x x 5, p. 24): «Era um novo começo, infelizmente não compreendido nem aceite pelos meus discípulos, como eu esperava. As dificuldades eram também demasiado grandes e não podiam ser superadas logo à primeira tentativa».*

*
* *

O estímulo para publicar o presente texto como volume segundo das Obras Completas *provém do Prof. H. L. Van Breda, OFM, director do Arquivo* Husserl. *Aqui lhe expresso o meu agradecimento pelo seu apoio e pelos seus conselhos. Devo também a minha gratidão ao Prof. Fritz Kaufmann*

(*Buffalo*), *à Dr.ª L. Gelber e à minha mulher, bem como ao Prof. Dr. S. Strasser.*

Walter Biemel

Lovaina, Setembro de 1947

PARA A SEGUNDA EDIÇÃO

A segunda edição aparece, no essencial, sem modificações; foi unicamente completada com um índice onomástico. Eliminaram-se alguns erros tipográficos molestos. Está previsto publicar num volume ulterior de Husserliana *outros manuscritos, que clarifiquem a evolução desde as* Investigações Lógicas *até às* Ideias. *Estes textos farão ressaltar ainda mais claramente a posição-chave das* Cinco Lições.

Expresso aqui o meu agradecimento público ao Círculo de Estudos do Norte-Westfália, que patrocinou generosamente os trabalhos do Arquivo Husserl na Universidade de Colónia.

Walter Biemel

Colónia, Fevereiro de 1958

A IDEIA DA FENOMENOLOGIA
(Cinco Lições)

/ ENCADEAMENTO DAS IDEIAS /3/
DAS LIÇÕES

O *pensamento natural*, da vida e da ciência, despreocupado quanto às dificuldades da possibilidade do conhecimento – o *pensamento filosófico*, definido pela posição perante os problemas da possibilidade do conhecimento.

As perplexidades em que se enreda a reflexão sobre a possibilidade de um conhecimento atinente às próprias coisas; como pode o conhecimento estar certo da sua consonância com as coisas que existem em si, de as «atingir»? Qual a preocupação das coisas em si pelos movimentos do nosso pensamento e pelas leis lógicas que os regem? São elas leis do nosso pensar, leis psicológicas. – Biologismo: as leis psicológicas como leis de adaptação.

Contra-senso: ao reflectir-se naturalmente sobre o conhecimento e ao ordená-lo, justamente com a sua efectuação, no sistema do pensamento natural das ciências, cai-se logo em teorias atractivas que, no entanto, terminam sempre na contradição ou no contra-senso. – Tendência para o cepticismo declarado.

20 | EDMUND HUSSERL

Pode já chamar-se teoria do conhecimento à tentativa de tomada de posição científica perante estes problemas. Em todo o caso, a ideia de teoria do conhecimento surge como a de uma ciência que resolve as dificuldades aqui em discussão e nos fornece uma intelecção última, clara, por conseguinte, auto-concordante, da essência do conhecimento e da possibilidade da sua efectuação. – A crítica do conhecimento é, neste sentido, a condição da possibilidade da metafísica.

O método da crítica do conhecimento é o fenomenológico; a fenomenologia é a doutrina universal das essências, em que se integra a ciência da essência do conhecimento. Que método é este? Se o conhecimento em geral se põe em questão quanto ao seu sentido e à sua realização, como pode estabelecer-se uma ciência do conhecimento? Que método pode ela levar até à meta?

/4/ / A. PRIMEIRO GRAU DA CONSIDERAÇÃO FENOMENOLÓGICA

1) Num primeiro momento, duvida-se de se uma tal ciência é em geral possível. Se põe em questão todo o conhecimento, como pode ela encetar-se, já que cada conhecimento escolhido como ponto de partida é, enquanto conhecimento, posto em questão?

No entanto, esta é uma dificuldade meramente aparente. O conhecimento não se *nega* nem se declara em *todo* o sentido como algo de duvidoso pelo facto de se «pôr em questão». Questionam-se certas realizações que lhe são atribuídas, mas fica ainda em aberto se as dificuldades concernem a todos os tipos possíveis de conhecimento. Em todo o caso, se a teoria do conhecimento quiser concentrar-se na possibilidade do conhecimento, tem de

A IDEIA DA FENOMENOLOGIA | 21

ter conhecimentos sobre possibilidades cognitivas que, como tais, são indubitáveis e, claro está, conhecimentos no sentido mais estrito, a que cabe a apreensibilidade, e acerca da «sua» própria possibilidade cognitiva, cuja apreensibilidade é absolutamente indubitável. Se se tornou pouco claro e duvidoso como é possível a apreensibilidade do conhecimento, e se nos inclinamos a duvidar de que isso seja possível, devemos então, em primeiro lugar, ter diante dos olhos casos indubitáveis de conhecimentos ou de conhecimentos possíveis, que atingem ou atingiriam realmente os seus objectos. De início, não nos é permitido admitir conhecimento algum como conhecimento; de outro modo, não teríamos nenhuma meta possível ou, o que é a mesma coisa, uma meta com sentido. Proporciona-nos um ponto de partida a *meditação cartesiana sobre a dúvida*: a existência da *cogitatio*, da vivência, é indubitável enquanto se experimenta e sobre ela simplesmente se reflecte; o apreender e o ter intuitivos e directos da *cogitatio* são já um conhecer; as *cogitationes são* os primeiros dados absolutos.

2) Com isso se religa naturalmente a *primeira reflexão gnoseológica*: Que é que, nestes casos, decide a inquestionabilidade e, por oposição, noutros casos de pretenso conhecimento, a questionabilidade? Porquê em certos casos a propensão para o cepticismo e a dúvida sobre como pode ser captado um ser pelo conhecimento; e porquê é que não existe nas *cogitationes* essa dúvida e essa dificuldade?

/ Responde-se, de começo – e é essa precisamente /5/ a resposta mais à mão – com o par de conceitos ou de palavras *imanência* e *transcendência*. O conhecimento intuitivo da *cogitatio* é imanente, o conhecimento das ciências objectivas – ciências da natureza e ciências do espírito – mas também, vendo de perto, o das ciências matemáticas, é transcendente. Nas ciências objectivas, existe a *dúvida sobre a transcendência*, a questão: como pode o conhecimento ir além de si mesmo, como pode ele atingir um ser que não se encontra no âmbito da consciência? Esta dificuldade cessa no conhecimento intuitivo da *cogitatio*.

3) Inicialmente, tende-se a – e considera-se como algo evidente – interpretar a imanência como imanência inclusa (*reelle*) e, claro, em sentido psicológico, como *imanência real* (*reale*): na vivência cognoscitiva, como realidade efectiva que é, ou na consciência do eu, a que pertence a vivência, encontra-se também o objecto de conhecimento. Que numa mesma consciência e num mesmo agora efectivo o acto de conhecimento possa encontrar e atingir o seu objecto – eis algo que se considera evidente. O imanente, dirá aqui o principiante, está em mim; o transcendente, fora de mim.

Numa consideração mais atenta, porém, distingue-se entre *imanência inclusa* e *imanência no sentido do dado em si mesmo que se constitui na evidência*. O imanente incluso surge como o indubitável, justamente porque nada mais exibe, nada mais «intenta para lá de si mesmo», porque aqui o que é intentado está também autodado de modo completo e inteiramente adequado. Antes de mais, não entra ainda no campo visual outro dado em si mesmo além da do imanente incluso.

4) Por isso, de começo, não se distingue. O primeiro grau de clareza é, pois, este: o imanente ingrediente ou, o que aqui significa o mesmo, o adequadamente dado em si mesmo é inquestionável, e que me é permitido utilizar. O transcendente (o não inclusamente imanente) não me é lícito utilizá-lo, por isso, *tenho de levar a cabo uma redução fenomenológica, uma exclusão de todas as posições transcendentes.*

Porquê? Para mim é obscuro como pode o conhecimento atingir o transcendente, o não autodado, mas o

A IDEIA DA FENOMENOLOGIA | 23

«trans-intentado»; / pelo que certamente nenhum dos /6/
conhecimentos e ciências transcendentes me pode ajudar
em vista da claridade (*). / O que eu quero é *claridade*, /a/
quero compreender *a possibilidade* deste apreender, isto
é, se examino o seu sentido, quero ter diante dos meus
olhos a essência da possibilidade de tal apreender, quero
transformá-lo intuitivamente em dado. O ver não pode
demonstrar-se; o cego que quer tornar-se vidente não o
consegue mediante demonstrações científicas; as teorias
físicas e fisiológicas das cores não proporcionam nenhuma claridade intuitiva do sentido da cor, tal como o tem
quem vê. Se, pois, como indubitável se toma em virtude
deste exame, a crítica do conhecimento é uma ciência
que quer continuamente, só e para todas as espécies e
formas de conhecimento, criar claridade, então não pode
utilizar nenhuma ciência natural; não pode religar-se aos
seus resultados nem às suas asserções sobre o ser; estes
permanecem para ela em questão. Todas as ciências são
para ela apenas *fenómenos de ciência*. Toda a vinculação
significa uma μετάβασις errónea. Esta, por seu turno,
ocorre por um erróneo *deslocamento do problema*, mas, claro,
muitas vezes óbvio: entre a explicação científico-natural
(psicológica) do conhecimento como facto natural e a
elucidação do conhecimento quanto às possibilidades
essenciais da sua efectuação. Portanto, para evitar este
deslocamento e conservar constantemente no pensamento o sentido da pergunta, por aquela possibilidade,
precisa-se da *redução fenomenológica*.
   Diz ela: a todo o transcendente (que não me é
dado imanentemente) deve atribuir-se o índice zero,
isto é, a sua existência, a sua validade não devem pôr-
-se como tais, mas, quando muito, como *fenómenos de*

(*) As letras em minúscula entre barras remetem para as notas
críticas no fim do volume. *(N.T.)*

24 | EDMUND HUSSERL

validade. É-me permitido dispor de todas as ciências só enquanto fenómenos, portanto, não como sistemas de verdades vigentes que possam para mim ser empregues a título de premissas ou até de hipóteses, como ponto de partida; por ex., toda a psicologia, toda a ciência da natureza. Entretanto, o genuíno *sentido do princípio* é a exortação constante a permanecer junto das coisas (*bei den Sachen*) que *aqui,* na crítica do conhecimento, estão em questão, e a não misturar os problemas aqui presentes com outros completamente diversos. A elucidação das possibilidades do conhecimento não se encontra na /7/ senda da ciência objectiva. / Fazer do conhecimento um dado evidente em si mesmo e querer aí intuir a essência da efectuação não significa deduzir, induzir, calcular, etc., não significa inferir novas coisas com fundamento a partir de coisas já dadas ou que valem como dadas.

B. SEGUNDO GRAU DA CONSIDERAÇÃO FENOMENOLÓGICA

Para levar a um grau mais elevado de claridade a essência da investigação fenomenológica e dos seus problemas, requer-se agora um *novo estrato de considerações.*

1) Antes de mais, já a *cogitatio* cartesiana necessita da redução fenomenológica. O fenómeno psicológico na apercepção e na objectivação psicológicas não é realmente um dado absoluto, mas só o é o *fenómeno puro,* o fenómeno reduzido. O eu que vive, este objecto, o homem no tempo mundano, esta coisa entre as coisas, etc., não é nenhum dado absoluto; por conseguinte, também o não é a vivência enquanto sua vivência. *Abandonamos definitivamente o solo da psicologia, inclusive da psicologia descritiva.*

Assim *se reduz* igualmente a pergunta que, originalmente, nos impelia. Não é – 'Como posso eu, este homem,

A IDEIA DA FENOMENOLOGIA | 25

atingir nas minhas vivências um ser em si, fora de mim?'
– Em vez desta pergunta, de antemão ambígua e – em
virtude da sua carga transcendente – complexa e multi-
facetada, surge agora a *questão fundamental pura*: 'Como
pode o fenómeno puro do conhecimento atingir algo
que lhe não é imanente, como pode o conhecimento
(absolutamente dado em si mesmo) atingir algo que não
se dá em si absolutamente? E como pode compreender-
-se este atingir?'

Ao mesmo tempo, reduz-se o conceito da *imanência
inclusa*, já não significa conjuntamente a imanência *real*,
a imanência na consciência do homem e no fenómeno
psíquico real.

/ 2) Se já temos os fenómenos intuitivos, parece que /b/
também já temos uma fenomenologia, uma ciência destes
fenómenos.

Mas, logo que a encetamos, notamos uma certa estrei-
teza, / o campo dos fenómenos absolutos – tomados estes /8/
na sua singularidade – não parece satisfazer capazmente
as nossas intenções. Que é que as intuições singulares
nos devem subministrar, por mais seguramente que nos
tragam *cogitationes* para em si mesmas se darem? Parece
desde logo evidente que, com base nestas intuições, se
podem empreender operações lógicas, comparar, distinguir, subsumir em conceitos, predicar, se bem que por
detrás de tudo isso, como depois se toma patente, estejam
novas objectividades. Mas admitir tudo isso como evidente
e não mais reflectir, é não ver como importa poder aqui
fazer asserções universalmente válidas da espécie de que
aqui necessitamos.

Uma coisa, porém, parece ainda vir a ajudar-nos: *a
abstracção ideativa*. Fornece-nos universalidades inteli-
gíveis, espécies, essências, e parece assim que fica dita
a palavra salvadora: buscamos efectivamente claridade
intuitiva sobre a essência do conhecimento. O conheci-

26 | EDMUND HUSSERL

mento pertence à esfera das *cogitationes*; *ergo*, temos de elevar intuitivamente à consciência da universalidade as objectalidades universais desta esfera, e toma-se possível uma doutrina da essência do conhecimento. Damos este passo em ligação com uma consideração de Descartes acerca da *percepção clara e distinta*. A «existência» da *cogitatio* é garantida pelo seu *absoluto dar-se em si mesma*, pelo seu carácter de dado na *pura evidência*. Sempre que temos evidência pura, puro intuir e apreender de uma objectividade, directamente e em si mesma, temos então os mesmos direitos, a mesma inquestionabilidade.

Este passo forneceu-nos uma nova objectividade como dado absoluto, a *objectividade da essência*, e visto que, desde início, os actos lógicos, que se expressam na enunciação com base no visto, permanecem inadvertidos, revela-se aqui ao mesmo tempo o campo dos *enunciados sobre essências*, respectivamente dos estados de coisas genéricos, dados no ver puro. Portanto, de início, não distintos dos dados universais isolados.

3) Temos assim já tudo, temos assim a fenomenologia plenamente delimitada e a clara evidência de estar na posse do que precisamos na crítica do conhecimento? /9/ / E dispomos de claridade acerca dos problemas que importa resolver?

Não, o passo que demos leva-nos mais longe. Em primeiro lugar, toma-nos patente que a *imanência ingrediente* (respectivamente a transcendência) é apenas um caso especial do *mais amplo conceito de imanência em geral*. Já não é, porém, evidente e sem reparo que o *absolutamente dado* e o *inclusamente imanente* sejam o mesmo, pois, o universal é absolutamente dado e não inclusamente imanente. O *conhecimento* do universal é algo de singular, é sempre um momento na corrente da consciência; o *próprio universal*, que aí está dado na evidência, não é algo de

A IDEIA DA FENOMENOLOGIA | 27

singular, mas, sim, um universal, portanto, transcendente em sentido verdadeiro.

Por conseguinte, o conceito da *redução fenomenológica* adquire uma determinação mais precisa, mais profunda e um sentido mais claro: não é exclusão do verdadeiramente transcendente (por ex., no sentido empírico-psicológico), mas exclusão do transcendente em geral como de uma existência a admitir, isto é, de tudo o que não é dado evidente no sentido genuíno, dado absoluto do ver puro. Mas, naturalmente, mantém-se tudo o que dissemos: ficam excluídas e aceitam-se só como «fenómenos» as vigências ou as realidades, etc., derivadas nas ciências por indução ou dedução a partir de hipóteses, factos ou axiomas; e fica igualmente em suspenso todo o recurso a qualquer «saber», a qualquer «conhecimento»: a investigação deve manter-se no *puro ver* (*im reinen Schauen*), mas nem por isso tem que fixar-se no imanente incluso; é investigação na esfera da evidência pura e, claro, investigação de essências (*Wesensforschung*). Dissemos também que o seu campo é o *apriori dentro do absolutamente dado em si mesmo*.

Assim, pois, está agora caracterizado este campo; é um campo de conhecimentos absolutos, para o qual ficam indecisos o eu, o mundo, Deus e as multiplicidades matemáticas e todas as objectividades científicas; conhecimentos que, portanto, não são dependentes de todas estas coisas, valem o que valem, quer a respeito deles se seja céptico ou não. Tudo isto, portanto, se mantém. Porém, o fundamento de tudo é *a captação do sentido do dado absoluto, da absoluta claridade do estar dado*, que / exclui toda a dúvida que tenha sentido; numa palavra: a captação do sentido da *evidência absolutamente intuitiva, que a si mesma se apreende*. De certo modo, na sua descoberta reside a significação histórica da meditação cartesiana sobre a dúvida. Mas, em Descartes, descobri-la e perdê-la foi tudo uma só coisa. Nada mais fazemos do que captar

/10/

na sua pureza e desenvolver de modo consequente o que já se encontrava nessa intenção velhíssima. – Neste contexto, já discutimos a interpretação psicologista da evidência como sentimento.

C. TERCEIRO GRAU DA CONSIDERAÇÃO FENOMENOLÓGICA

Precisamos, mais uma vez, de um novo estrato de considerações que nos façam remontar a uma maior claridade sobre o sentido da fenomenologia e da problemática fenomenológica.

Até onde se estende o que em si está dado? Está encenado no [âmbito do] dar-se da *cogitatio* e das ideações que genericamente a captam? Até onde ele se estende, «estende-se» a nossa esfera fenomenológica, a esfera da claridade absoluta, da imanência no sentido autêntico.

Fomos conduzidos um pouco mais para as profundidades, e nas profundidades residem as obscuridades e, nas obscuridades, os problemas.

A princípio, tudo parecia simples e só a custo se exigia de nós um trabalho muito difícil. Ainda que se rejeite o preconceito da imanência enquanto imanência ingrediente, como se justamente ela fosse importante, permanece-se, no entanto, apegado inicialmente à imanência inclusa, pelo menos em certo sentido. Parece, desde logo, que a consideração de essências só tem que captar genericamente o inclusamente imanente às *cogitationes* e que só tem de estabelecer as relações que se fundam nas essências; aparentemente, é, pois, uma coisa fácil. Faz-se uma reflexão, dirige-se o olhar para os próprios actos, deixam-se valer os seus conteúdos ingredientes (*reell*), tal como são, só que em redução fenomenológica; esta parece ser a única dificuldade. E, naturalmente, nada

A IDEIA DA FENOMENOLOGIA | 29

mais há a fazer do que elevar o intuído à consciência
do universal.

Se, porém, virmos de mais perto os dados, a coisa
toma-se menos cómoda. Em primeiro lugar, as *cogitationes*
que, enquanto simples dados, de modo nenhum conside-
ramos como algo de misterioso, ocultam transcendências
de toda a índole. / /11/
Se olharmos de mais perto e advertirmos como, na
vivência, por ex., de um som, mesmo depois da redução
fenomenológica, se *opõem o fenómeno* (*Erscheinung*) (*) *e o
que aparece* e como se opõem *no seio do dado puro, ergo,* da
imanência autêntica, ficamos perplexos. Por exemplo, o
som dura; temos aí a unidade evidentemente dada do som
e da sua distensão temporal com as suas fases temporais,
a fase do agora e as fases do passado; por outro lado, se
reflectirmos, o fenómeno da duração do som, que é em
si algo de temporal, tem a sua respectiva fase do agora
e as suas fases do passado. E numa fase seleccionada do
agora do fenómeno não só é objecto o agora do próprio
som, mas o agora do som é apenas um ponto numa duração sonora.

Esta indicação – análises mais pormenorizadas pertencem às nossas tarefas especiais no que se vai seguir
– é suficiente para nos fazer ver o que aqui há de novo:
o fenómeno da percepção de um som e, claro, da percepção evidente e reduzida, exige uma distinção entre
o fenómeno e *o que aparece*, no interior da imanência. Por
conseguinte, temos dois dados absolutos, o dado do fenómeno e o dado do objecto; e o objecto, dentro desta
imanência, não é imanente ([3]) no sentido incluso, não é
um fragmento do fenómeno: a saber, as fases passadas da

(*) No sentido de «manifestação», «aparição» (i.e., vivência).
(*N.T.*)
([3]) No manuscrito está: «*transcendente*».

30 | EDMUND HUSSERL

duração do som são agora ainda objecto e, no entanto, não estão inclusamente contidas no ponto-do agora do fenómeno. Por conseguinte, encontramos também no fenómeno da percepção o mesmo que encontrávamos na consciência da universalidade, a saber, é uma consciência que constitui um dado que em si mesmo se dá, que não está contido no incluso e não é em geral para encontrar /c/ como *cogitatio*. /

No grau ínfimo da consideração, no estádio da ingenuidade, parece a princípio que a evidência era um simples ver, um olhar do espírito desprovido de essência, em todos os casos um só e o mesmo e em si indiferenciado: /12/ o ver divisa justamente as coisas, / as coisas simplesmente existem e, no intuir verdadeiramente evidente, existem na consciência, e o ver centra-se simplesmente nelas. Ou, indo buscar a imagem a outro sentido: é um directo captar, ou tomar, ou apontar para algo que simplesmente é e está aí. Toda a diferença «está», pois, nas coisas, que são para si e têm por si mesmas as suas diferenças.

E, no entanto, numa análise mais precisa, quão diverso se revela agora o ver as coisas! Se bem que se conserve sob o nome de 'atenção' o olhar em si indescritível e indiferenciado, mostra-se, porém, que efectivamente não tem sentido algum falar de coisas que simplesmente existem e apenas precisam de ser vistas; mas que esse «meramente existir» são certas vivências da estrutura específica e mutável; que existem a percepção, a fantasia, a recordação, a predicação, etc., e que as coisas não estão nelas como num invólucro ou num recipiente, mas se *constituem* nelas as coisas, as quais não podem de modo algum encontrar-se como ingredientes naquelas vivências. O «estar dado das coisas» é *exibir-se* (ser representadas) de tal e tal modo em tais fenómenos. E aí as coisas não existem para si mesmas e «enviam para dentro da consciência» os seus representantes. Algo deste género não nos pode ocorrer

A IDEIA DA FENOMENOLOGIA | 31

no interior da esfera da redução fenomenológica, mas as coisas são e estão dadas em si mesmas no fenómeno (*Erscheinung*) e em virtude do fenómeno; são ou valem, claro está, como individualmente separáveis do fenómeno, na medida em que não importa este fenómeno singular (a consciência de estar dada), mas essencialmente são dele inseparáveis.

Mostra-se, pois, por toda a parte, esta admirável correlação entre o *fenómeno do conhecimento* e o *objecto de conhecimento*. Advertimos agora que a tarefa da fenomenologia, ou antes, o campo das suas tarefas e investigações, não é uma coisa tão trivial como se apenas houvesse que olhar; simplesmente abrir os olhos. Já nos casos primeiros e mais simples, nas formas ínfimas do conhecimento, se propõem à análise pura e à pura consideração de essências as maiores dificuldades; é fácil falar em geral da correlação, mas muito difícil elucidar o modo como se *constitui* no conhecimento um objecto cognoscitivo. / E a tarefa é, agora, dentro /13/ do âmbito da evidência pura ou do dar-se em si mesmo (*Selbstgegebenheit*), *rastrear todas as formas do dar-se e todas as correlações* e exercer sobre todas elas a análise esclarecedora. E, naturalmente, consideram-se aqui não só os actos isolados, mas também as suas complexões, os seus nexos de concordância e discordância e as teleologias que surgem. Estes nexos não são conglomerados, mas unidades peculiarmente ligadas que, por assim dizer, se sobrepõem; e unidades do conhecimento que, como unidades cognitivas, têm também os seus correlatos objectivos unitários. Pertencem, pois, elas próprias aos *actos de conhecimento*, os seus tipos são tipos cognitivos, as suas formas são as formas do pensamento e as da intuição (a palavra não se entende aqui em sentido kantiano).

Trata-se, aqui, de rastrear gradualmente os dados em todas as modificações: os autênticos e os inautênticos, os

32 | EDMUND HUSSERL

simples e os sintéticos, os que, por assim dizer, se constituem de um só golpe e os que, segundo a sua essência, se edificam apenas passo a passo; os que valem absolutamente e os que se apropriam em gradação ilimitada, no processo do conhecimento, de um dar-se e de uma plenitude de validade. Por este caminho, acabamos também por chegar à compreensão de como pode ser captado o objecto real transcendente no acto de conhecimento (ou conhecer-se a natureza) como aquilo que, de início, é intentado; e ainda como o sentido deste intentar (*Meinung*) se cumpre pouco a pouco, no nexo cognoscitivo continuado (contanto que tenha apenas as formas concernentes justamente à constituição do objecto da experiência). Compreendemos então como se constitui continuamente o objecto empírico e como lhe está prescrita precisamente esta espécie de constituição, e que ele exige, por essência, justamente uma tal constituição gradual.

Tornam-se por esta via manifestas as formas metódicas, que são determinantes para todas as ciências e são constitutivas para todos os dados científicos, por conseguinte, a elucidação da teoria da ciência e, assim, implicitamente, a elucidação de todas as ciências: mas, claro, só implicitamente, isto é, quando se levar a cabo este colossal tra-
/14/ balho de clarificação, a crítica do conhecimento / estará capacitada para fazer a crítica das ciências particulares e, portanto, para realizar a sua valoração metafísica.

Tais são, pois, os problemas do dar-se, os problemas da *constituição das objectalidades de toda a espécie no conhecimento*. A fenomenologia do conhecimento é ciência dos fenómenos cognoscitivos neste duplo sentido: ciência dos conhecimentos como fenómenos (*Erscheinungen*), manifestações, actos da consciência em que se exibem, se tornam conscientes, passiva ou activamente, estas e aquelas objectalidades; e, por outro lado, ciência destas

A IDEIA DA FENOMENOLOGIA | 33

objectalidades enquanto a si mesmas se exibem deste modo. A palavra 'fenómeno' tem dois sentidos em virtude da correlação essencial entre *o aparecer* e *o que aparece*. φαινόμενον significa efectivamente «o que aparece» e, no entanto, utiliza-se de preferência para o próprio aparecer, para o fenómeno subjectivo (se se permite esta expressão grosseiramente psicológica, que induz a mal-entendidos). Na reflexão, toma-se objecto a *cogitatio*, o próprio aparecer, e isto favorece a formação de equívocos. Finalmente, não é preciso realçar que, ao falar de investigação dos objectos cognoscitivos e dos modos de conhecimento, se pensa sempre neste como investigação de essências, o qual, na esfera do que se dá de maneira absoluta, salienta genericamente o sentido último, a possibilidade, a essência da objectalidade do conhecimento e do conhecimento da objectalidade.

Naturalmente, a *fenomenologia universal da razão* tem igualmente que resolver os problemas paralelos da correlação entre *valoração* e *valor*, etc. Se o termo 'fenomenologia' se empregar numa acepção tão ampla que se abranja «a» análise de tudo o que se dá em si mesmo (*Selbstgegebenheit*), reúnem-se então *data* desconexos: análise dos dados sensíveis segundo os seus vários géneros, etc. – o comum encontra-se, então, no método da análise de essências na esfera da evidência imediata.

/ Primeira Lição /15/

Atitude intelectual natural e ciência natural [p. 17] – Atitude intelectual filosófica (reflexiva) [p. 18] – As contradições da reflexão sobre o conhecimento na atitude natural [p. 20] – A dupla tarefa da verdadeira crítica do conhecimento [p. 22] – A verdadeira crítica do conhecimento como fenomenologia do conhecimento [p. 23] – A nova dimensão da filosofia; o seu método próprio perante a ciência [p. 24].

/ Em lições anteriores, distingui a *ciência natural* e a /17/
ciência filosófica; a primeira promana da atitude espiritual
natural, e a segunda, da atitude espiritual filosófica.
A *atitude espiritual natural* não se preocupa ainda com
a crítica do conhecimento. Na atitude espiritual natural
viramo-nos, intuitiva e intelectualmente, para *as coisas*
que, em cada caso, nos estão dadas e obviamente nos
estão dadas, se bem que de modo diverso e em diferentes
espécies de ser, segundo a fonte e o grau de conhecimento. Na percepção, por ex., está obviamente diante
dos nossos olhos uma coisa; está aí no meio das outras
coisas, vivas e mortas, animadas e inanimadas, portanto,
no meio de um mundo que, em parte, como as coisas
singulares, cai sob a percepção e, em parte, está também
dado no nexo da recordação, e se estende a partir daí
até ao indeterminado e ao desconhecido.
A este mundo se referem os nossos juízos. Fazemos
enunciados, em parte singulares, em parte universais,
sobre as coisas, as suas relações, as suas mudanças, as
suas dependências funcionais ao modificar-se e as leis
destas modificações. Exprimimos o que a experiência
directa nos oferece. Seguindo os motivos da experiência,
inferimos o não experimentado a partir do directamente
experimentado (do percepcionado e do recordado);
generalizamos, e logo de novo transferimos o conheci-

mento universal para os casos singulares ou deduzimos, no pensamento analítico, novas generalidades a partir de conhecimentos universais. Os conhecimentos não se seguem simplesmente aos conhecimentos à maneira de mera fila, mas entram em relações lógicas uns com os outros, seguem-se uns aos outros, «concordam» reciprocamente, confirmam-se, intensificando, por assim dizer, a sua força lógica.

/18/ Por outro lado, entram também em relações de contradição e de luta, não se harmonizam, são abolidos por conhecimentos *seguros*, / rebaixados ao nível de simples pretensões de conhecimento. As contradições nascem talvez na esfera da legalidade da forma puramente predicativa: sucumbimos a equívocos, cometemos paralogismos, contámos ou calculámos mal. Se assim é, restauramos a concordância formal, desfazemos os equívocos, etc.

Ou então, as contradições perturbam a conexão motivacional que funda a experiência: motivos empíricos pugnam com motivos empíricos. Como nos vamos desenvencilhar? Ora, ponderamos os motivos em prol das diversas possibilidades de determinação ou explicação; os mais débeis devem ceder aos mais fortes que, por seu turno, só valem enquanto resistem, isto é, enquanto não têm de render-se, num combate lógico semelhante, perante novos motivos cognitivos, que introduz uma esfera de conhecimentos ampliada.

Assim progride o conhecimento natural. Apodera-se num âmbito sempre cada vez maior do que de antemão e obviamente existe e está dado e apenas segundo o âmbito e o conteúdo, segundo os elementos, as relações e leis da realidade a investigar de mais perto. Assim surgem e crescem as distintas ciências naturais, as ciências naturais enquanto ciências da natureza e da natureza psíquica, as ciências do espírito e, por outro lado, as ciências matemáticas, as ciências dos números, das multiplicidades,

A IDEIA DA FENOMENOLOGIA | 39

das relações, etc. Nestas últimas ciências, não se trata de realidades efectivas, mas de possibilidades ideais, válidas em si mesmas, – de resto, porém, também de antemão aproblemáticas.

Em cada caso do conhecimento científico natural, oferecem-se e resolvem-se dificuldades, e isto de um modo puramente *lógico* ou segundo as próprias *coisas*, com base nos impulsos ou motivos cognitivos que justamente residem nas coisas, que parecem, por assim dizer, sair destas como *exigências* que elas, estes dados, põem ao conhecimento.

Contrastemos agora com a *atitude intelectual natural*, ou com os motivos cognitivos naturais, os *filosóficos*.

Com o despertar da reflexão sobre a relação entre conhecimento e objecto, abrem-se dificuldades abissais. / O conhecimento, a coisa mais óbvia de todas /19/ no pensamento natural, surge inopinadamente como mistério. Devo, porém, ser mais exacto. *Óbvia* é, para o pensamento natural, a possibilidade do conhecimento. O pensamento natural, que actua com uma fecundidade ilimitada, e progride, em ciências sempre novas, de descoberta em descoberta, não tem nenhum ensejo para lançar a questão da possibilidade do conhecimento em geral. Sem dúvida, como tudo o que ocorre no mundo, também o *conhecimento* se toma *de certo modo* para ele um problema; torna-se objecto de investigação natural. O conhecimento é um acto da natureza, é vivência de seres orgânicos que conhecem, é um *factum* psicológico. Pode, como qualquer *factum* psicológico, descrever-se segundo as suas espécies e formas de conexão e investigar-se nas suas relações genéticas. Por outro lado, o conhecimento é, por essência, *conhecimento da objectalidade* (*Erkenntnis von Gegenständlichkeit*) e é tal em virtude do *sentido* que lhe é imanente, com o qual se *refere* à objectalidade. O pensamento natural também já se ocupa destes aspec-

40 | EDMUND HUSSERL

tos. Transforma em objecto de investigação, em universalidade *formal*, as conexões *aprióricas* das significações e das vigências significativas, as leis aprióricas que pertencem à objectalidade *como tal*; surge assim uma *gramática pura* e, num estrato superior, uma lógica pura (um complexo íntegro de disciplinas graças às suas diversas delimitações possíveis) e, além disso, brota uma lógica normativa e prática como técnica do pensamento e, sobretudo, do pensamento científico.

Até aqui, encontramo-nos ainda no solo do pensamento *natural* [4].

Mas, justamente, a correlação entre vivência cognitiva, significação e objecto – correlação a que acabámos de aludir com o fito de uma contraposição da psicologia do conhecimento à lógica pura e às ontologias – é a fonte dos mais profundos e mais difíceis problemas, em suma, do problema da possibilidade do conhecimento.

/20/ / O conhecimento é, em todas as suas configurações, uma vivência psíquica: é conhecimento do sujeito que conhece. Perante ele estão os objectos conhecidos. Mas, como pode o conhecimento estar certo da sua consonância com os objectos conhecidos, como pode ir além de si e atingir fidedignamente os objectos? O dado dos objectos cognitivos no conhecimento, óbvio para o pensamento natural, toma-se um enigma. Na percepção, a coisa percebida deve imediatamente ser dada. Aí está a coisa diante dos meus olhos que a percepcionam; vejo-a e agarro-a. Mas a percepção é simplesmente vivência do meu sujeito, do sujeito que percepciona. Igualmente são vivências subjectivas a recordação e a expectativa, todos os actos intelectuais sobre elas edificados em virtude dos quais se chega à posição mediata de um ser real e ao es-

---

[4] Cf. Anexo I.

A IDEIA DA FENOMENOLOGIA | 41

tabelecimento de quaisquer *verdades* sobre o ser. De onde sei eu, o cognoscente, e como posso eu saber confiadamente que não só existem as minhas vivências, estes actos cognitivos, mas também que existe o que elas conhecem, mais ainda, que, em geral, existe algo que haveria que pôr frente ao conhecimento como seu objecto?

Devo dizer que só os fenómenos são verdadeiramente dados ao cognoscente, que jamais ele vai além desta conexão das suas vivências; que, portanto, só pode afirmar com pleno direito: 'Eu existo, todo o não-eu é simples fenómeno e se dissolve em nexos fenomenais'? Devo, pois, instalar-me no ponto de vista do solipsismo? Dura exigência! Devo eu, com *Hume*, reduzir a ficções toda a objectividade transcendente, ficções que podem explicar-se mediante a psicologia, mas não podem racionalmente justificar-se? Dura exigência também esta. Porventura, a psicologia de Hume não transcende, como toda a psicologia, a esfera da imanência? Não opera ela, sob as rubricas de 'hábito', 'natureza humana' (*human nature*), 'órgão' 'sensorial', 'estímulo', etc., com existências transcendentes (e transcendentes, segundo a sua própria confissão), quando o seu objectivo é rebaixar ao nível de ficção todo o transcender as «impressões» e «ideias» actuais ([5])?

Mas de que serve referir contradições, se a / *própria* /21/ *lógica* está *em questão* e se tomou problemática? Efectivamente, *a significação real da legalidade lógica*, que está fora de toda a questão para o pensamento natural, toma-se agora *problemática* e, inclusive, *duvidosa*. Ocorrem sequências de ideias biológicas. Recordamos a moderna teoria da evolução, segundo a qual o homem se desenvolveu na luta pela existência e graças à selecção natural, e com ele, naturalmente, também o seu intelecto e, com o inte-

---

([5]) Cf. Anexo II.

42 | EDMUND HUSSERL

lecto, igualmente todas as formas que lhe são próprias, isto é, as formas lógicas. Por conseguinte, não exprimem as formas e leis lógicas a peculiar índole contingente da espécie humana, que poderia ser de outro modo e se tornará diferente, no decurso da evolução futura? O conhecimento é, pois, apenas *conhecimento humano*, ligado às *formas intelectuais humanas*, incapaz de atingir a natureza das próprias coisas, as coisas em si.

Mas, bem depressa irrompe de novo um contra-senso: têm ainda sentido os conhecimentos com que opera uma tal opinião e as próprias possibilidades que considera, se as leis lógicas são abandonadas em semelhante relativismo? A verdade de que há tal ou tal possibilidade não pressupõe implicitamente a validade absoluta do princípio de contradição, segundo o qual uma verdade exclui a contradição?

Devem bastar os exemplos seguintes. A possibilidade do conhecimento em toda a parte se torna um enigma. Se nos familiarizarmos com as ciências naturais, achamos tudo claro e compreensível, na medida em que elas estão desenvolvidas de modo exacto. Estamos seguros de nos encontrar na posse da verdade objectiva, fundamentada por métodos fidedignos, que realmente atingem a objectividade. Mas, logo que reflectirmos, caímos em enganos e perplexidades. Enredamo-nos em manifestas incompatibilidades e até contradições. Estamos em perigo permanente de deslizar para o cepticismo ou, melhor, para qualquer uma das diversas formas do cepticismo, cuja característica comum é, infelizmente, uma só e a mesma: o contra-senso.

/22/ A arena destas teorias obscuras e contraditórias, bem como das infindas disputas concomitantes, / é a *teoria do conhecimento* e a *metafísica*, com ela intimamente entretecida, tanto histórica como objectivamente. A tarefa da teoria do conhecimento ou crítica da razão teorética é,

A IDEIA DA FENOMENOLOGIA | 43

antes de mais, uma tarefa crítica. Tem de denunciar os absurdos em que, quase inevitavelmente, se envencilha a reflexão natural sobre a relação entre conhecimento, sentido do conhecimento e objecto do conhecimento, *ergo*, tem de refutar as teorias aberta ou ocultamente cépticas sobre a essência do conhecimento mediante a demonstração do seu contra-senso.

Por outro lado, a sua tarefa positiva é resolver os problemas concernentes à correlação entre conhecimento, sentido do conhecimento e objecto do conhecimento, graças à inquirição da essência do conhecimento. Entre estes problemas encontra-se também a patenteação do sentido essencial da objectalidade cognoscível ou, o que é o mesmo, da objectalidade em geral: do sentido que lhe está prescrito *a priori* (isto é, segundo a essência), em virtude da correlação de conhecimentos e objectalidade do conhecimento. E isto concerne também, naturalmente, a todas as configurações fundamentais de objectalidades em geral, traçadas de antemão pela essência do conhecimento. (As formas ontológicas, tanto as apofânticas como as metafísicas).

Justamente graças ao cumprimento destas tarefas se toma apta a teoria do conhecimento para ser crítica do conhecimento ou, mais claramente, para ser *crítica do conhecimento natural* em todas as ciências naturais. Põe-nos então, efectivamente, em situação de interpretar de modo correcto e definitivo os resultados das ciências naturais a propósito do ente. Com efeito, a perplexidade teórico-cognoscitiva a que nos arrojou a reflexão natural (pré-gnoseológica) sobre a possibilidade do conhecimento (sobre uma possível apreensibilidade do conhecimento), condiciona não só opiniões falsas acerca da essência do conhecimento, mas também *interpretações* fundamentalmente erróneas, porque em si mesmas contraditórias, do ser que é conhecido nas ciências naturais. Segundo

44 | EDMUND HUSSERL

a interpretação considerada como necessária em virtude
dessas reflexões, uma e a mesma ciência natural se interpreta em sentido materialista, espiritualista, psicomonista,
positivista ou em outros sentidos diversos. Só, pois, a
/23/ reflexão gnoseológica origina a separação de / ciência
natural e filosofia. Unicamente por ela se toma patente
que as ciências naturais do ser não são ciências definiti-
vas do ser. É necessária uma ciência do ente em sentido
absoluto. Esta ciência, que chamamos *metafísica*, brota
de uma «crítica» do conhecimento natural nas ciências
singulares com base na intelecção, adquirida na crítica
geral do conhecimento, da essência e da objectalidade do
conhecimento segundo as suas diferentes configurações
fundamentais, e com base na intelecção do sentido das
diversas correlações fundamentais entre conhecimento
e objectalidade do conhecimento.

Se abstrairmos das metas metafísicas da crítica do conhecimento, atendo-nos apenas à sua tarefa de *elucidar
a essência do conhecimento e da objectalidade cognitiva*, ela
é então *fenomenologia do conhecimento e da objectalidade
cognitiva* e constitui o fragmento primeiro e básico da
fenomenologia em geral.

'Fenomenologia' – designa uma ciência, uma conexão
de disciplinas científicas; mas, ao mesmo tempo e acima
de tudo, 'fenomenologia' designa um método e uma
atitude intelectual: a *atitude intelectual* especificamente
filosófica, o *método* especificamente *filosófico*.

Tornou-se quase um lugar comum, na filosofia contemporânea, na medida em que pretende ser uma ciência
rigorosa, afirmar que só pode haver um método cognoscitivo comum a todas as ciências e, portanto, também à
filosofia. Esta convicção corresponde perfeitamente às
grandes tradições da filosofia do século XVII, a qual também
defendeu que a salvação da filosofia depende de ela tomar
como modelo metódico as ciências exactas e, acima de

A IDEIA DA FENOMENOLOGIA | 45

tudo, pois, a matemática e a ciência natural matemática.
À equiparação metódica está também ligada a equiparação de objecto da filosofia com as outras ciências; e, hoje, deve ainda designar-se como predominante a opinião de que a filosofia e, mais concretamente, a doutrina suprema do ser e da ciência – pode estar não só relacionada com todas as restantes ciências, mas também fundada nos seus resultados, / da mesma maneira que as ciências se baseiam umas nas outras e os resultados de umas podem actuar como premissas das outras. Lembro assim as fundamentações arbitrárias da teoria do conhecimento mediante a psicologia do conhecimento e a biologia. Nos nossos dias, aumentam as reacções contra estes preconceitos funestos. São, efectivamente, preconceitos. /24/

Na esfera natural da investigação, uma ciência pode, sem mais, edificar-se sobre outra e uma pode servir à outra de modelo metódico, se bem que só em certa medida, determinada e definida pela natureza do respectivo campo de investigação. *A filosofia, porém, encontra-se numa dimensão completamente nova.* Precisa de *pontos de partida inteiramente novos* e de um método totalmente novo, que a distingue por princípio de toda a ciência «natural». Daí que os procedimentos lógicos, que dão unidade às ciências naturais – com todos os métodos especiais, que variam de ciência para ciência –, tenham um carácter principal unitário, a que se contrapõem os procedimentos metódicos da filosofia como uma unidade em princípio nova. E daí também que, dentro do conjunto total da crítica do conhecimento e das disciplinas «críticas», a filosofia *pura* tenha de prescindir de todo o trabalho intelectual realizado nas ciências naturais e na sabedoria e conhecimentos naturais não cientificamente organizados, e dele lhe não seja permitido fazer qualquer uso.

46 | EDMUND HUSSERL

A seguinte reflexão desde já nos aproximará desta doutrina, cuja fundamentação pormenorizada será fornecida pelas considerações ulteriores.

No ambiente céptico que necessariamente gera a reflexão crítico-cognoscitiva (refiro-me à primeira, a que precede a crítica científica do conhecimento e se realiza no modo de pensar natural), toda a ciência natural e todo o método científico natural deixam de valer, como uma posse disponível. Com efeito, a apreensibilidade objectiva do conhecimento em geral tomou-se, segundo o sentido e a possibilidade, enigmática e, em seguida, até duvidosa. E, por conseguinte, o conhecimento exacto tomou-se não menos enigmático que o não-exacto, o científico /25/ / não menos que o pré-científico. Põe-se em questão a possibilidade do conhecimento, mais precisamente, a possibilidade de como ele pode atingir uma objectividade que, no entanto, é em si o que é. Mas isso supõe que fica em questão a efectuação do conhecimento, o sentido da sua pretensão de validade ou legitimidade, o sentido da distinção entre conhecimento válido e conhecimento simplesmente pretenso; por outro lado, também o sentido de uma objectalidade que existe e é o que é, quer seja ou não conhecida e que, no entanto, enquanto objectalidade é objectalidade de um conhecimento possível, cognoscível por princípio, mesmo se facticamente jamais foi conhecida e o venha a ser; que é em princípio perceptível, representável, determinável mediante predicados num possível pensamento judicativo, etc.

Mas não é de prever como o emprego de pressupostos tomados do conhecimento natural ainda que nele estejam «exactamente fundados», possa ajudar-nos a resolver as dúvidas gnoseológicas, a responder aos problemas crítico--cognoscitivos. Se o sentido e o valor do conhecimento natural *em geral* se tomaram problemáticos juntamente com *todos* os seus recursos metódicos, com todas as suas

A IDEIA DA FENOMENOLOGIA | 47

fundamentações exactas, então igualmente a problematicidade atinge toda a proposição extraída da esfera do conhecimento natural pretensamente aduzida como ponto de partida e todo o método de fundamentação supostamente exacto. A mais rigorosa matemática e a mais estrita ciência natural matemática não têm aqui a menor superioridade sobre qualquer conhecimento, real ou pretenso, da experiência comum. É, pois, claro que de nenhum modo se pode dizer que a filosofia (a qual, no entanto, começa com a crítica do conhecimento e radica com tudo o mais que ela é na crítica do conhecimento) tem de orientar-se metodicamente (ou até quanto ao seu objecto!) pelas ciências exactas; que deve delas tomar a metódica como modelo; que apenas lhe cabe prosseguir e levar a cabo, segundo uma metódica principalmente idêntica em todas as ciências, o trabalho feito nas ciências exactas. A filosofia, repito, situa-se, perante todo o conhecimento natural, numa *dimensão nova*, e a esta nova dimensão, por mais que tenha – como já transparece no modo figurativo de falar – conexões essenciais com as antigas dimensões, corresponde um *método novo* – novo desde o seu fundamento –, que se / contrapõe ao «natural». Quem isto negar nada compreendeu do genuíno estrato de problemas da crítica do conhecimento e, por conseguinte, também não entendeu o que a filosofia realmente quer e deve ser, nem o que lhe confere a especificidade e a sua própria justificação, perante todo o conhecimento e a ciência naturais ([6]).

/26/

([6]) Cf. no Apêndice a continuação original da lição.

/ Segunda Lição /27/

O começo da crítica do conhecimento: o pôr-em--questão de todo o saber [p. 29] – Obtenção do solo absolutamente seguro, em ligação com a meditação cartesiana sobre a dúvida [p. 30] – A esfera dos dados absolutos [p. 31] – Repetição e complemento; refutação do argumento contra a possibilidade de uma crítica do conhecimento [p. 32] – O enigma do conhecimento natural: a transcendência [p. 34] – Demarcação de dois conceitos de imanência e de transcendência [p. 35] – O primeiro problema da crítica do conhecimento: a possibilidade do conhecimento transcendente [p. 36] – O princípio da redução gnoseológica [p. 39].

/ Ao encetar a crítica do conhecimento, importa, pois, /29/ adjudicar o índice da *questionabilidade* a todo o mundo, à natureza física e psíquica e, por fim, também ao próprio eu humano, juntamente com todas as ciências que se referem a estas objectalidades. A sua existência, a sua validade ficam por decidir.

A questão agora é: como se pode *estabelecer a crítica do conhecimento*? Enquanto autocompreensão científica do conhecimento, quer determinar – conhecendo cientificamente e, portanto, objectivando – o que é em essência o conhecimento, o que reside no sentido da referência a uma objectalidade que lhe é atribuída e no da validade objectiva ou apreensibilidade, quando deve ser conhecimento na verdadeira acepção. A ἐποχή, que a crítica de conhecimento deve exercitar, não pode ter o sentido de que ela não só comece por, mas também persista em impugnar todos os conhecimentos – *ergo*, também os seus próprios –, não deixando valer dado algum, portanto, também não aqueles que ela própria estabelece. Se nada lhe é permitido pressupor como *previamente dado*, deve então começar por algum conhecimento, que ela não toma sem mais de outro lado, mas antes a si mesma o dá, que ela própria põe como conhecimento primeiro.

A este primeiro conhecimento não é permitido conter absolutamente nada da obscuridade e incerteza que normalmente conferem aos conhecimentos o carácter do enigmático, do problemático, o qual nos lança por fim em tal perplexidade que somos induzidos a dizer que o conhecimento em geral é um problema, uma coisa incompreensível, carente de elucidação, duvidosa quanto à sua pretensão. Em termos correlativos: se não nos é lícito aceitar ser algum como previamente dado, porque a obscuridade crítico-cognoscitiva faz com que não compreendamos que sentido pode ter um ser que *seja em si* e que, no entanto, *seja conhecido no conhecimento*, então deve poder mostrar-se um ser que devemos /30/ reconhecer como absolutamente dado e indubitável, / na medida em que está dado justamente de um modo tal que nele existe plena claridade, a partir da qual toda a pergunta encontre e deva encontrar a sua resposta imediata.

E, agora, recordemos a meditação cartesiana sobre a dúvida. Ao considerar as múltiplas possibilidades de erro e de ilusão, posso enredar-me num tal desespero céptico que acabe por dizer: 'nada de seguro há para mim, tudo é duvidoso'. Mas, logo se torna evidente que, para mim, nem tudo pode ser duvidoso, pois, ao julgar que tudo é duvidoso, é indubitável que eu assim julgo e, por conseguinte, seria absurdo querer manter uma dúvida universal. E em cada caso de uma dúvida determinada é indubitavelmente certo que eu assim duvido. E o mesmo se passa em toda a *cogitatio*. Sempre que percepciono, represento, julgo, raciocino, seja qual for a certeza ou incerteza, a objectalidade ou a inexistência de objecto destes actos, é absolutamente claro e certo, em relação à percepção, que percepciono isto e aquilo e, relativamente ao juízo, que julgo isto e aquilo, etc.

Descartes fez esta consideração em vista de outros fins; podemos, porém, utilizá-la aqui, convenientemente modificada.

A IDEIA DA FENOMENOLOGIA | 53

Se perguntamos pela essência do conhecimento, inicialmente o próprio conhecimento – seja qual for a situação da dúvida quanto à sua apreensibilidade e seja qual for a condição desta – é um título de uma multiforme esfera do ser, que nos pode estar absolutamente dada e que, por vezes, pode dar-se absolutamente em formas singulares. De facto, as configurações intelectuais, que realmente levo a cabo, são-me dadas, contanto que eu *reflicta* sobre elas, as receba e ponha tal como *puramente* as vejo. Posso falar de um modo vago de conhecimento, de percepção, representação, experiência, juízo, raciocínio, etc.; então, quando reflicto, está certamente só dado, se bem que absolutamente dado, este fenómeno do vago «falar e opinar acerca do conhecimento, da experiência, do juízo, etc.» Já este fenómeno da vaguidade é um dos que caem sob o rótulo de conhecimento, no mais amplo sentido. Mas posso também efectuar concretamente uma percepção e olhar para ela; posso, além disso, representar-me na fantasia ou na recordação uma percepção e para ela dirigir o olhar neste dar-se na fantasia. Então, já não tenho um / discurso vazio ou uma vaga opinião, representação da /31/ percepção, mas a percepção está, por assim dizer, diante dos meus olhos como um dado actual, ou como dado da fantasia. E assim para toda a vivência intelectiva, para toda a configuração intelectual e cognitiva.

Acabei aqui de comparar a percepção reflexa intuitiva e a fantasia reflexa intuitiva. Segundo a meditação cartesiana, haveria primeiro que salientar a percepção: percepção que, em certa medida, corresponde à chamada percepção interna da teoria do conhecimento tradicional – a qual é, sem dúvida, um conceito ambíguo.

Toda a vivência intelectiva e toda a vivência em geral, ao ser levada a cabo, *pode fazer-se objecto de um puro ver e captar e, neste ver, é um dado absoluto.* Está dada como um ente, como um isto-aqui (*Dies-da*), de cuja existência não tem

54 | EDMUND HUSSERL

sentido algum duvidar. Posso, certamente, reflectir sobre que ser será esse e como este modo de ser se comporta relativamente a outros; posso, ademais, considerar que significa *aqui* 'dado' e posso, se prosseguir na reflexão, incluir no meu ver o próprio ver, em que aquele dado, ou este modo de ser, se constitui. Mas, em tudo isso é sobre um fundamento que constantemente me movo: esta percepção é e permanece, enquanto dura, um absoluto, um isto-aqui, algo que é em si o que é, algo com que posso medir, como se fora uma medida definitiva, o que podem querer dizer, e aqui devem dizer, «existir» e 'estar dado', pelo menos, naturalmente, no tocante à espécie de existência e de dado que mediante o «isto-aqui», se exemplifica. E é para todas as configurações intelectuais específicas que isto vale, onde quer que estejam dadas. Todas elas podem também ser dados na fantasia, podem estar «por assim dizer» diante dos olhos e, no entanto, não estar aí como presenças actuais, como percepções, juízos, etc., actualmente levados a cabo. Também então são, num certo sentido, dados; estão aí *intuitivamente*; falamos delas não apenas com uma vaga alusão, numa menção vazia; vemo-las e, vendo-as, podemos destacar intuitivamente a sua essência, a sua constituição, o seu carácter imanente, e podemos, em pura proporção, adaptar o nosso discurso à plenitude de claridade intuída. /32/ Isto, porém, / imediatamente exigirá um complemento mediante o exame do conceito de essência e do conhecimento de essências.

Provisoriamente, sustentamos que se pode, de antemão, assinalar uma esfera de dados absolutos; e é a esfera de que justamente precisamos, se é que deve ser possível a nossa aspiração a uma teoria do conhecimento. De facto, a obscuridade acerca do conhecimento no tocante ao seu sentido ou à sua essência exige uma ciência do conhecimento, uma ciência que nada mais pretende do

A IDEIA DA FENOMENOLOGIA | 55

que trazer o conhecimento à claridade essencial. Não quer
explicar o conhecimento como facto psicológico, nem
investigar as condições naturais segundo as quais vêm e
vão os conhecimentos, nem as leis naturais, a que estão
ligados no seu devir e na sua mudança: investigar isso
é a tarefa que se propõe uma ciência natural, a ciência
natural dos factos psíquicos, das vivências de indivíduos
psíquicos que vivem. A crítica do conhecimento quer antes
elucidar, clarificar, ilustrar a essência do conhecimento
e a pretensão de validade que pertence à sua essência;
que outra coisa significa isto senão trazê-la a dar-se a si
mesma (*Selbstgegebenheit*) directamente?

Recapitulação e Complemento. / O conhecimento natural,   /a/
no seu incessante e eficiente progresso nas diferentes
ciências, está inteiramente certo da sua apreensibilidade
e não tem nenhum motivo para encontrar aporia na
possibilidade do conhecimento e no sentido da objectalidade conhecida. Mas, logo que a reflexão se vira para
a correlação de conhecimento e objectalidade (e, eventualmente, também para o conteúdo significativo ideal do
conhecimento na sua relação, por um lado, com o acto
de conhecimento e, por outro, com a objectalidade do
conhecimento), surgem dificuldades, incompatibilidades,
teorias contraditórias e, no entanto, supostamente funda-
mentadas, que compelem a admitir que a possibilidade
do conhecimento em geral, no tocante à sua apreensibilidade, é um enigma.

Quer aqui nascer uma nova ciência, a crítica do conhecimento, que pretende desfazer estas perplexidades
e elucidar-nos sobre a essência do conhecimento. Da boa
sorte desta ciência depende, claro está, a possibilidade
de uma metafísica – a ciência do ser em sentido absoluto e último. Como / pode, porém, instaurar-se uma tal   /33/
ciência do conhecimento em geral? O que uma ciência

56 | EDMUND HUSSERL

põe em questão não pode por ela ser utilizado como fundamento previamente dado. Mas o que está posto em causa, já que a crítica do conhecimento põe como problema a possibilidade do conhecimento em geral e, naturalmente, em relação à sua apreensibilidade, é todo o conhecimento. Para a crítica, no seu começo, não pode valer como dado nenhum conhecimento. Não lhe é, pois, permitido ir buscar seja o que for a nenhuma esfera de conhecimentos pré-científica; todo o conhecimento leva o índice da questionabilidade. Sem conhecimento dado como ponto de partida, também não há conhecimento algum como continuação. Por conseguinte, a crítica do conhecimento de nenhum modo pode começar. Não pode haver em geral, uma tal ciência.

Ora, o que eu queria dizer é que o correcto em tudo isto é que, no início, não pode valer nenhum conhecimento como previamente dado *sem exame*. Mas, se à crítica do conhecimento não é licito aceitar de antemão nenhum conhecimento, pode então começar por a si mesma *dar* conhecimento e, naturalmente, conhecimento que ela não fundamenta, não infere logicamente – o que exigiria conhecimentos imediatos, que deveriam previamente ser dados –, mas conhecimento que ela imediatamente mostra e que é de uma espécie tal que exclui, com clareza e de modo indubitável, toda a dúvida sobre a sua possibilidade, e nada absolutamente contém do enigma que fornecera a ocasião de todas as perplexidades cépticas. E referi-me aqui à *meditação cartesiana sobre a dúvida* e à esfera de dados absolutos – ou círculo de conhecimento absoluto –, que fica compreendida sob o título de 'evidência da *cogitatio*'. Deveria agora mostrar-se com maior precisão que a *imanência* deste conhecimento é que o qualifica para servir de primeiro ponto de partida da teoria do conhecimento; e que, ademais, *graças a esta imanência,*

A IDEIA DA FENOMENOLOGIA | 57

está livre da qualidade de enigmático, que é a fonte de todas as perplexidades cépticas; e ainda, finalmente, *que a imanência em geral é o carácter necessário de todo o conhecimento teórico-cognoscitivo* e que, não só no começo, mas em geral, todo o empréstimo a partir da esfera da transcendência – por outras palavras, toda a fundamentação da teoria do conhecimento na psicologia ou em qualquer ciência natural, é um *nonsens*.

Para completar, acrescento ainda: a tão plausível argumentação – / e como pode em geral começar a /34/ teoria do conhecimento, se ela põe em questão todo o conhecimento, se todo o conhecimento de que ela parte é, enquanto conhecimento, impugnado? Ademais, se para a teoria do conhecimento todo o conhecimento é um enigma, também terá de o ser o primeiro com que ela própria começa, – digo que esta argumentação tão plausível é, naturalmente, uma pseudo-argumentação. O engano brota da vaga generalidade do discurso. Que o conhecimento em geral «esteja posto em questão» não significa que se negue que haja em geral conhecimento (o que levaria ao absurdo), mas que o conhecimento encerra um certo problema, a saber: como é possível uma certa efectuação da apreensibilidade que lhe é atribuída; e quer talvez igualmente dizer que até eu duvido que ele seja possível. Mas, ainda que eu duvide, pode, no entanto, um primeiro passo consistir em suprimir sem demora esta dúvida, em virtude de se poderem mostrar certos conhecimentos que privam de objecto uma tal dúvida. Além disso, se começo por não compreender em geral o conhecimento, esta carência de compreensão abrange certamente, na sua universalidade indeterminada, todo o conhecimento. Mas não se diz que, para mim, deva permanecer incompreensível para sempre todo o conhecimento em que venha no futuro a tropeçar. Pode ser que tenha lugar um grande enigma numa classe de conhecimentos que, a princípio, se impõe por toda a parte, e que eu, então, mergulhando numa perplexidade universal, diga: o conhecimento em geral é um enigma – enquanto depressa se revela que o enigma não assedia alguns outros conhecimentos. E assim sucede, na realidade, como veremos.

Disse eu que os conhecimentos, com que iniciar se deve a crítica do conhecimento, nada podem conter de discutível e de exposto à dúvida, nada de quanto nos arrojou à perplexidade gnoseológica e que impulsiona toda a crítica do conhecimento. Temos de mostrar que isto se aplica à esfera da *cogitatio*. Mas, para isso, é necessária uma reflexão que vá mais fundo, a qual nos trará encorajamentos essenciais.

Se examinarmos de mais perto o que é tão enigmático e nos lança na perplexidade nas reflexões mais à mão sobre a possibilidade do conhecimento, vemos que é a sua transcendência. Todo o conhecimento natural, tanto o pré-científico como também já o científico, é conheci-/35/ mento que objectiva transcendentemente; / põe objectos como existentes, pretende atingir cognoscitivamente estados de coisas que não estão nele «dados no verdadeiro sentido», não lhe são «imanentes».

Olhada de mais perto, a *transcendência* tem, sem dúvida, *dois sentidos*. Pode, por um lado, querer dizer que o objecto de conhecimento não está como ingrediente contido no acto cognitivo, de modo que por «dado no verdadeiro sentido» ou «dado imanentemente» se entende o estar inclusamente contido. O acto de conhecimento, a *cogitatio*, tem momentos ingredientes, que como ingredientes a constituem; mas a coisa que ela intenta e que supostamente percepciona, de que se recorda, etc., encontra-se na própria *cogitatio* enquanto vivência, mas não inclusamente como fragmento, como algo que realmente nela existe. A pergunta é, pois: como pode a vivência ir, por assim

A IDEIA DA FENOMENOLOGIA | 59

dizer, além de si mesma? *Portanto, imanente significa aqui inclusamente imanente, na vivência cognitiva.*

Mas, há ainda uma *outra transcendência,* cujo contrário é uma imanência inteiramente diversa, a saber, o *dar-se absoluto e claro, a autopresentação em sentido absoluto.* Este estar dado, que exclui toda a dúvida sensata, um ver e captar absolutamente imediato da própria objectalidade intentada e tal como é, constitui o conceito pleno de evidência e, claro, entendida como evidência imediata. É transcendente no segundo sentido todo o conhecimento não evidente, que intenta ou põe o objectal (*das Gegenständliche*), mas *não* o *intui ele mesmo.* Nele vamos *além do dado* em cada caso *no verdadeiro sentido, além* do que *directamente se pode ver e captar.* A pergunta é aqui: como pode o conhecimento pôr como existente algo que nele não está directa e verdadeiramente dado? /

Estas duas imanências e transcendências mesclaram-se inicialmente, antes de a meditação crítico-cognoscitiva ter ido mais fundo. E claro que quem levanta a primeira questão acerca da possibilidade das transcendências ingredientes, faz propriamente intervir também a segunda, atinente à possibilidade da transcendência para além da esfera do dado evidente. Com efeito, supõe tacitamente que o único dado realmente compreensível, inquestionável, absolutamente evidente, é o do *momento contido como ingrediente* no acto cognoscitivo e, / por isso, surge-lhe como enigmático, problemático, tudo o que não está como ingrediente contido numa objectalidade conhecida. Veremos em breve que isto é um erro fatal.

Quer se entenda a transcendência num ou noutro sentido ou, antes de mais, num sentido equívoco, ela é o problema inicial e guia da crítica do conhecimento; é o enigma que bloqueia o caminho do conhecimento natural e constitui o impulso para as novas investigações. Poderia, no começo, designar-se como tarefa da crítica do

/b/

/36/

60 | EDMUND HUSSERL

conhecimento a resolução deste problema, dar, portanto, assim à nova disciplina a sua primeira definição preliminar, em vez de caracterizar como tema seu, de uma maneira mais geral, o problema da essência do conhecimento.

Ora se, de qualquer modo, logo no estabelecimento inicial da disciplina o enigma *aqui* está, então determina-se agora com maior precisão o que não é lícito utilizar como previamente dado. A saber, não é permitido, pois, empregar algo de transcendente como dado de antemão. Se eu não concebo *como* é possível que o conhecimento possa alcançar algo que lhe é transcendente, então também não sei *se* é possível. A fundamentação científica de uma existência transcendente em nada me ajuda agora, pois toda a fundamentação mediata retrograda para uma /c/ imediata, e o imediato contém já o enigma. /

No entanto, talvez alguém diga: 'É coisa segura que o conhecimento, tanto mediato como imediato, contém o enigma. Mas o enigmático é o *como*, ao passo que o *facto* (*Dass*) é absolutamente seguro; nenhum ser racional duvidará da existência do mundo e o céptico é desmentido pela sua prática'. Ora bem, ripostamos-lhe com um argumento mais forte e de maior alcance; com efeito, ele prova não só que, *no princípio* da teoria do conhecimento, não é permitido recorrer ao conteúdo das ciências naturais e transcendentemente objectivantes, mas também o não é *no seu total desenvolvimento*. Prova, pois, a tese fundamental de *que a teoria do conhecimento jamais pode edificar-se sobre a ciência natural de qualquer espécie*. Perguntamos, pois: que pretende o nosso adversário encetar com o seu saber transcendente? Pomos ao seu livre dispor toda a provisão /37/ de verdades transcendentes das / ciências objectivas e supomo-las não alteradas no seu valor de verdade pelo enigma, já suscitado, de como é possível a ciência transcendente. Que quer ele encetar com o seu saber omni-englobante? Como pensa ele chegar do facto ao como?

A IDEIA DA FENOMENOLOGIA | 61

O seu saber, enquanto facto, que o conhecimento transcendente é real, garante-lhe como algo de logicamente óbvio que o conhecimento transcendente é possível. O enigma, porém, é *como* ele é possível. Pode ele resolvê-lo em virtude da própria posição (*Setzung*) de todas as ciências, ou sob o pressuposto de todos os conhecimentos transcendentes ou de quaisquer deles? Pensemos: que é que lhe falta ainda, verdadeiramente? Para ele, é óbvia, sim, justamente óbvia de modo puramente analítico, a possibilidade do conhecimento transcendente, já que a si mesmo diz: 'Existe em mim saber do transcendente.' É manifesto que lhe falta ([7]). É-lhe obscura a referência à transcendência; obscuro lhe é também o «atingir algo de transcendente», que se atribui ao conhecimento, ao saber. Onde e como haveria, para ele, claridade? Bem, tê-la-ia, se em qualquer lado lhe estivesse *dada* a essência desta referência de modo a poder vê-la, a ter diante dos seus próprios olhos a unidade de conhecimento e objecto cognoscitivo, a que alude a palavra 'apreensibilidade' (*Triftigkeit*), e teria assim não só um saber acerca da sua possibilidade, mas também esta possibilidade no seu claro dar-se (*Gegebenheit*). A própria possibilidade lhe surge como algo de transcendente, como uma possibilidade sabida, mas não dada em si mesma, não intuída. As suas ideias são manifestamente estas: 'O conhecimento é uma coisa distinta do objecto do conhecimento; o conhecimento está dado, mas o objecto cognoscitivo não está dado; e, no entanto, o conhecimento deve referir-se ao objecto, tem de o conhecer. Como posso eu entender esta possibilidade? A resposta, naturalmente, soa assim: só poderia compreendê-la se a própria referência houvesse de se dar como algo susceptível de se ver'. Se o objecto é e

---

([7]) Cf. Anexo III.

permanece transcendente, se o conhecimento e o objecto estão realmente apartados, então ele nada pode ver e a sua esperança numa via de chegar, porém, de qualquer modo à claridade, mesmo mediante a inferência a partir de pressupostos transcendentes, é uma patente tolice.

/38/ / Se fosse consequente, devia, perante estas ideias, abandonar também o seu ponto de partida: deveria reconhecer que, nesta situação, é impossível o conhecimento do transcendente, que o seu pretenso saber a tal respeito é um preconceito. O problema já não seria, então, como é possível o conhecimento transcendente, mas como se pode explicar o preconceito que atribui ao conhecimento uma consecução transcendente: justamente, a *via de Hume*.

Abstenhamo-nos, no entanto, disso e, para ilustração da ideia fundamental de que o problema do como – como é possível o conhecimento transcendente e, inclusive, mais em geral, como é possível o conhecimento – jamais pode resolver-se com base num saber previamente dado acerca do transcendente, em proposições de antemão dadas a seu respeito, extraídas seja de onde for, mesmo que das

/d/ ciências exactas, acrescentemos o seguinte: / um surdo de nascença sabe que há sons, que os sons criam harmonias e que nesta se baseia uma arte magnífica; mas, não pode entender *como* é que os sons fazem isso, como são possíveis obras de arte sonoras. Não pode para si *representar* coisas assim, isto é, não as pode intuir e, vendo-as, captar o como. O seu saber a propósito da existência em nada o ajuda e seria absurdo se ele pretendesse derivar, com base no seu saber, o como da arte dos sons, e elucidar. as possibilidades da mesma mediante inferências a partir dos seus conhecimentos. Não é viável o deduzir a partir de existências simplesmente sabidas e não vistas. O ver não pode demonstrar-se ou deduzir-se. É manifestamente um *nonsens* querer clarificar possibilidades (e, claro,

A IDEIA DA FENOMENOLOGIA | 63

possibilidades já imediatas) por derivação lógica a partir de um saber não intuitivo. Portanto, ainda que eu esteja inteiramente seguro de que há mundos transcendentes, ainda que deixe valer no seu conteúdo integral todas as ciências naturais, não posso junto destas contrair empréstimos. Jamais me é licito imaginar que chego, através de suposições transcendentes e de argumentações científicas, aonde quero ir na crítica do conhecimento, a saber, a ver a possibilidade da objectividade transcendente do conhecimento. E, evidentemente, isto vale não só para o começo, mas também para o curso completo da crítica do conhecimento, justamente enquanto esta permanece no problema de elucidar *como é possível o conhecimento*. / /39/ E isto vale, claro está, não só para o problema da objectividade transcendente, mas para a clarificação de toda a possibilidade.

Se com isto conectarmos a tendência, extraordinariamente poderosa, para julgar em sentido transcendente e, portanto, para cair numa μετάβασις εἲς ἄλλο γένος, em todos os casos em que se realiza um acto intelectual referido à transcendência e em que importa fazer um juízo com base nesse acto, então, produz-se a dedução suficiente e completa do *princípio gnoseológico*: em toda a inquirição teórico-cognoscitiva, quer se trate deste ou daquele tipo de conhecimento, há que levar a cabo a *redução gnoseológica*, isto é, há que afectar toda a transcendência concomitante com o índice da desconexão, ou com o índice da indiferença, da nulidade gnoseológica, com um índice que afirma: não me importa aqui absolutamente nada a existência de todas estas transcendências, quer eu nela creia ou não; aqui, não é o lugar de sobre ela julgar; isso fica completamente fora de jogo.

Todos os erros fundamentais da teoria do conhecimento se ligam com a μετάβασις mencionada, por um lado, o erro básico do psicologismo, por outro, o do

64 | EDMUND HUSSERL

antropologismo e do biologismo. Ela age assim de um modo sumamente perigoso, porque nunca se esclareceu o sentido genuíno do problema e ele se perde de todo na μετάβασις e, em parte, também porque mesmo aquele que para si o clarificou só com dificuldade pode manter continuamente eficiente esta claridade, e na reflexão superficial sucumbe novamente às tentações do modo natural de pensar e julgar, bem como a todas as maneiras falsas e sedutoras de pôr o problema, que crescem no seu solo.

/ Terceira Lição /41/

A realização da redução gnoseológica: a desconexão de todo o transcendente [p. 43] – O tema da investigação: os fenómenos puros [p. 44] – A questão da «validade objectiva» dos fenómenos absolutos [p. 47] – Impossibilidade do confinamento a dados singulares; o conhecimento fenomenológico como conhecimento de essências [p. 50] – Os dois significados do conceito de «*apriori*» [p. 51].

/ Após estas explicações, está exacta e fidedignamente /43/
provado o que é que a crítica do conhecimento pode e
não pode utilizar. O seu enigma é, sem dúvida, a transcendência, mas só no tocante à possibilidade desta; no
entanto, a realidade do transcendente jamais deve ser
tomada em conta. Sem dúvida, não se reduz a zero a
esfera das objectalidades utilizáveis, isto é, dos conhecimentos utilizáveis – daqueles que se apresentam como
válidos e podem permanecer livres do sinal de nulidade
gnoseolósica. Já, efectivamente, assegurámos a esfera glo-
bal das *cogitationes*. O ser da *cogitatio*, mais precisamente,
o próprio fenómeno cognoscitivo, está fora de questão
e livre do enigma da transcendência. Estas existências
estão pressupostas já no ponto de partida do problema do conhecimento; a pergunta sobre como pode o
transcendente entrar no conhecimento perderia o seu
sentido se se abandonasse não só o transcendente, mas
também o próprio conhecimento. É também evidente
que as *cogitationes* representam uma esfera de *dados imanentes absolutos, seja qual for o sentido em que interpretemos a
imanência.* No acto de ver o fenómeno puro, o objecto
não está fora do conhecimento, fora da «consciência»
e, ao mesmo tempo, está dado no sentido da absoluta
autopresentação de algo puramente intuído.
Precisa-se aqui, no entanto, de uma salvaguarda por
meio da *redução gnoseológica,* cuja essência metódica que-

68 | EDMUND HUSSERL

remos neste lugar estudar pela primeira vez *in concreto*. Necessitamos aqui da redução, para que não se confunda a evidência do ser da *cogitatio* com a evidência de que existe a *minha cogitatio*, com a evidência do *sum cogitans* e coisas similares. Há que precaver-se da fundamental confusão do *fenómeno puro* no sentido da fenomenologia com o *fenómeno psicológico*, objecto da psicologia científico--natural. Se eu, como homem que pensa na atitude natural, dirijo o olhar para a percepção, que justamente estou a viver, / apercebo-a logo e quase inevitavelmente (é um facto) em relação ao meu eu; ela está aí como vivência desta pessoa vivente, como estado seu, como acto seu; o conteúdo sensitivo está aí como o que conteudalmente se dá a essa pessoa, como o sentido e sabido por ela; e a vivência insere-se, juntamente com a pessoa, no tempo objectivo. A percepção, em geral a *cogitatio*, assim apercebida é o *facto psicológico*. Apercebida, portanto, como dado no tempo objectivo, pertencente ao eu que a vive, ao eu que está no mundo e persiste no seu tempo (um tempo que se pode medir com instrumentos cronométricos empíricos). Tal é, pois, o fenómeno no sentido da ciência natural, que chamamos psicologia.

/44/

O fenómeno neste sentido sucumbe à lei a que devemos sujeitar-nos na crítica do conhecimento: à da εποχή a respeito de todo o transcendente. O eu como pessoa, como coisa do mundo, e a vivência como vivência desta pessoa, inseridos – ainda que seja de um modo totalmente indeterminado – no tempo objectivo: tudo isso são transcendências e, enquanto tais, gnoseologicamente zero. Só mediante uma redução, que também já queremos chamar *redução fenomenológica*, obtenho eu um dado (*Gegebenheit*) absoluto, que já nada oferece de transcendência. Se ponho em questão o eu e o mundo e a vivência do eu como tal, então a reflexão simplesmente intuitiva virada para o dado na apercepção da vivência

A IDEIA DA FENOMENOLOGIA | 69

considerada, para o meu eu, revela o *fenómeno* desta apercepção; por exemplo, o fenómeno «percepção apreendida como minha percepção». Posso, evidentemente, no modo natural de consideração, referir de novo este fenómeno ao meu eu, pondo este eu no sentido empírico, quando mais uma vez digo: 'tenho este fenómeno, é meu'. A fim de obter o fenómeno puro, teria então de pôr novamente em questão o eu, e também o tempo, o mundo, e trazer assim à luz um fenómeno puro, a pura *cogitatio*. Mas posso também, ao percepcionar, dirigir o olhar, intuindo-a puramente, para a percepção, para ela própria tal como aí está, e omitir a referência ao eu ou dela abstrair: então, a percepção visualmente assim captada e delimitada é uma percepção absoluta, privada de toda a transcendência, dada como fenómeno puro no sentido da fenomenologia.

/ *A toda a vivência psíquica corresponde, pois, por via da* /45/ *redução fenomenológica, um fenómeno puro, que exibe a sua essência imanente* (singularmente tomada) *como dado absoluto.* Toda a posição de uma «realidade não imanente», não contida no fenómeno, se bem que nele intentada e, ao mesmo tempo, não dada no segundo sentido, está desconectada, isto é, suspensa.

Se há possibilidades de converter tais fenómenos puros em objectos de investigação, é evidente que já não estamos na psicologia, esta ciência transcendentemente objectivante. Nada inquirimos então acerca de fenómenos psicológicos, não falamos deles, nem de certas ocorrências da chamada realidade efectiva (cuja existência, pois, permanece inteiramente em questão), mas do que é e vale, quer exista ou não algo como a realidade objectiva, quer seja ou não legítima a posição de tais transcendências. Falamos, então, justamente de tais dados absolutos; ainda que se refiram intencionalmente à realidade objectiva, o referir-se é neles uma certa ca-

70 | EDMUND HUSSERL

racterística, enquanto que nada se preconceitua acerca do *ser e não ser da realidade*. E assim lançamos já a âncora na costa da fenomenologia, cujos objectos estão postos como existentes, da mesma maneira que a ciência põe os objectos da sua investigação; não estão postos como existências num eu, num mundo temporal, mas como dados absolutos captados no ver puramente imanente. O puramente imanente deve aqui, de início, caracterizar-se mediante a *redução fenomenológica*: eu intento justamente isto aqui, não o que ele visa transcendentemente, mas o que é em si mesmo e tal como está dado. Tais expressões são, naturalmente, apenas rodeios e auxílios para levar a ver o primeiro que aqui importa ver, a diferença entre os quase-dados do objecto transcendente e o dado absoluto do próprio fenómeno.

Requerem-se, porém, novos passos, novas reflexões, para que possamos pôr firmemente o pé no novo país e não acabemos por naufragar diante da sua costa, pois /46/ esta / tem escolhos e sobre ela pairam as nuvens da obscuridade, que nos ameaçam com os ventos tempestuosos do cepticismo. O que até agora dissemos concerne a todos os fenómenos; interessam-nos, para as metas da crítica da razão, naturalmente, só os fenómenos do conhecimento. No entanto, o que agora iremos expor pode referir-se igualmente a todos, visto que, *mutatis mutandis*, vale para todos.

A nossa busca de uma crítica do conhecimento leva-nos a um ponto de partida, a uma terra firme de dados, de que nos é lícito dispor e de que, segundo parece, acima de tudo necessitamos: para explorar a essência do conhecimento, tenho, naturalmente, de possuir *como dado* o conhecimento em todas as suas formas questionáveis e de um modo tal que este dado nada tenha em si do problemático que qualquer outro conhecimento consigo traz, por mais que pareça fornecer dados.

A IDEIA DA FENOMENOLOGIA | 71

Certificámo-nos do campo do conhecimento puro; podemos agora estudá-lo e estabelecer uma ciência dos fenómenos puros, uma *fenomenologia*. Não deverá ser esta, evidentemente, a base para a solução dos problemas que nos agitam? No entanto, é manifesto que só posso clarificar a essência do conhecimento, se eu o perscrutar por mim mesmo e se ele próprio me for dado a ver tal como é. Devo estudá-lo imanentemente e mediante uma visão pura no fenómeno puro, na «consciência pura»: a sua transcendência é, sim, problemática; o ser da objectividade a que ele se refere, na medida em que for transcendente, não me está dado e é justamente questionável como é que, não obstante, ela pode pôr-se e que sentido tem e pode ter, se uma tal posição há-de ser possível. Por outro lado, porém, algo de captável no fenómeno puro tem esta referência ao transcendente, mesmo quando ponho o ser deste último em questão, relativamente à sua apreensibilidade. O referir-se ao transcendente, o intentá-lo neste ou naquele modo, é um carácter intrínseco ao fenómeno. Aparentemente, é como se apenas fosse importante uma ciência das *cogitationes* absolutas. De outro modo, como poderia eu estudar – já que devo cancelar o antedado do transcendente visado –, não só o *sentido* deste visar (*Meinen*) para além de si mesmo, mas também, com o sentido, a sua *validade* possível, ou o sentido da validade, aí justamente onde este sentido está absolutamente dado / e onde, no fenómeno puro /47/ da referência, da confirmação, da justificação, o sentido da validade chega, por seu lado, a dado absoluto?

Sem dúvida, logo nos assalta aqui a dúvida de se, apesar de tudo, não terá de entrar em acção ainda algo mais, de se o dar-se a validez não traz também consigo o dar-se do objecto, que, por outro lado, não poderia ser o dar-se da *cogitatio*, se é que há em geral algo assim como transcendência válida. Mas, seja como for, o que faz falta

72 | EDMUND HUSSERL

primeiro e que, pelo menos, teria de proporcionar uma parte capital da solução, é uma ciência dos fenómenos absolutos, entendidos como *cogitationes*.

Teve-se, pois, em mira a fenomenologia; aqui, a fenomenologia do conhecimento enquanto doutrina da essência dos fenómenos cognitivos puros. As perspectivas são esplêndidas. Mas, como deve iniciar-se a fenomenologia? Como é ela possível? Devo julgar e, no entanto, julgar de um modo objectivamente válido, conhecer cientificamente, os fenómenos. *Mas, não leva toda a ciência ao estabelecimento de uma objectividade em si existente e, portanto, ao transcendente?* O cientificamente estabelecido é, em si, vale absolutamente como existente, quer eu, pelo seu conhecimento, o ponha ou não como existente. Não pertence à essência da ciência, como correlato, a objectividade do que nela é unicamente conhecido, do cientificamente fundamentado? E o cientificamente fundamentado não é universalmente válido? Que se passa aqui, porém? Movemo-nos no campo dos fenómenos puros. No entanto, porque é que digo *campo*? É antes um eterno *rio heraclitiano* de fenómenos. Que enunciados posso eu aqui fazer? Ou, olhando, posso dizer: isto aqui! Existe, sem dúvida nenhuma. Talvez eu até possa dizer que este fenómeno inclui como parte sua aqueloutro, ou que está conexo com o outro, que este transborda para aquele, etc.

Claro está, nada há aqui a ver com a *validade «objectiva»* destes juízos; eles não têm *nenhum «sentido objectivo»*, têm apenas *verdade «subjectiva»*. Não vamos agora aqui embrenhar-nos numa investigação sobre se, em certo sentido, estes juízos, na medida em que pretendem ser «subjectivamente» verdadeiros, não terão também a sua objectividade. Mas é manifesto, já num rápido olhar, que falta aqui por completo aquela superior dignidade /48/ da objectividade, que os juízos naturais pré-científicos /

A IDEIA DA FENOMENOLOGIA | 73

põem, por assim dizer, em cena e os juízos válidos das ciências exactas levam a uma culminação incomparavelmente mais alta. Não atribuiremos um valor particular a tais juízos – como 'isto ali existe', etc. – que, vendo puramente, pronunciamos. De resto, recordareis aqui a famosa distinção kantiana entre *juízos de percepção* e *juízos de experiência*. A afinidade é manifesta. Por outro lado, Kant não atingiu a intenção última da distinção aqui necessária, visto que lhe faltava o conceito de fenomenologia e de redução fenomenológica e porque não conseguiu desenvencilhar-se totalmente do psicologismo e do antropologismo. Naturalmente, não se trata, para nós, de juízos apenas subjectivamente válidos que, na sua validade, se limitam ao «sujeito empírico», e de juízos objectivamente válidos, a saber, válidos para todo o sujeito em geral: já desconectámos o sujeito empírico e a percepção transcendental, a consciência em geral, depressa receberá para nós um sentido inteiramente diverso e nada misterioso.

Voltemos, porém, ao fio central da nossa meditação. Os juízos fenomenológicos como juízos singulares não têm muito a ensinar-nos. Mas, como podem obter-se juízos e, claro, cientificamente válidos? E a palavra *científicos* logo nos lança na perplexidade. Com a objectividade – perguntamos – não virá a *transcendência* e, com esta, justamente a dúvida do que ela há-de significar, se é possível e como é possível? Mediante a *redução teórico-cognoscitiva*, excluímos as pressuposições transcendentais, porque a transcendência está em questão quanto à sua possível validade e ao seu sentido. Mas, então, são ainda possíveis as averiguações científicas, as afirmações transcendentes da teoria do conhecimento? Não é evidente que, antes da fundamentação da possibilidade da transcendência, não é lícita nenhuma averiguação transcendente da própria teoria do conhecimento? Mas se a ἐποχή gnoseológica

74 | EDMUND HUSSERL

/49/ exige – como poderia parecer – que não deixemos vigorar nenhuma transcendência antes de termos fundamentado a sua possibilidade, e se a fundamentação da possibilidade da própria transcendência, na forma de fundamentação objectiva, exige posições transcendentes, parece / haver aqui um círculo, que torna impossíveis a fenomenologia e a teoria do conhecimento; e as penas passadas seriam em vão.

Não poderemos duvidar imediatamente da possibilidade de uma fenomenologia e – coisa aqui manifestamente incluída – de uma crítica do conhecimento. Precisamos agora de um passo em frente, que rompa este círculo capcioso. No fundo, já o demos, pois distinguimos as duas transcendências e as duas imanências. Descartes, como se recordam, depois de ter estabelecido a evidência da *cogitatio* (ou, antes, – o que dele não recebemos – o *cogito ergo sum*), perguntava: *que é que me assegura destes dados fundamentais?* Ora, a *clara et distincta perceptio*. Podemos daqui partir. Não preciso de dizer que apreende-mos aqui a coisa já com maior pureza e profundidade do que Descartes e que, assim, também a evidência, a *clara et distincta perceptivo*, é por nós captada e entendida em sentido mais puro. Podemos agora dar com Descartes (*mutatis mutandis*) o passo seguinte: é-nos permitido tomar em consideração tudo o que nos for dado, tal como a *cogitatio* singular, pela *clara et distincta perceptio*. Isso leva, certamente, a esperar más consequências, se nos lembrarmos da 3.ª e 4.ª meditações, das provas da existência de Deus, do recurso à *veracitas dei*, etc. Em todo o caso, sejam apenas muito cépticos ou, antes, críticos.

Admitimos como absoluto o dar-se da *cogitatio* pura, mas não o dar-se da coisa exterior na percepção externa, embora esta pretenda dar o próprio ser da coisa. A transcendência da coisa exige que ponhamos esta em questão. Não compreendemos como é que a percepção

A IDEIA DA FENOMENOLOGIA | 75

pode atingir o transcendente; mas compreendemos como
é que a percepção pode alcançar o imanente, na forma
da percepção reflexa e puramente imanente, na forma da
percepção reduzida. Mas, porque é que compreendemos
isto? Ora, vemos directamente e apreendemos directamente o que intentamos (*meinen*) intuitiva e apreensivamente.
Ter diante dos olhos um fenómeno que visa algo, que
nele não está propriamente dado, e duvidar de que esse
algo exista e de como possa compreender-se que existe,
tem sentido. Mas ver e nada mais intentar do que o que
é intuitivamente apreendido e, ainda, / perguntar e du- /50/
vidar, não tem sentido algum. No fundo, pois, isto diz
apenas o seguinte: ver, apreender o que se dá a si mesmo
(*Selbstgegebenes*) – contanto que haja, justamente, um ver
real, uma real autopresentação no sentido mais estrito,
e não outro dado que visa algo que não se dá – é algo
de último. É o *absolutamente compreensível por si mesmo*; o
não compreensível por si, o problemático, talvez mesmo
o misterioso reside no intentar transcendente, isto é,
no visar, no crer, no fundamentar – eventualmente até
pormenorizado – algo que não está dado; de nada nos
aproveita, no entanto, constatar aí um dado absoluto,
o dar-se do intentar, do próprio crer: temos apenas de
reflectir para o encontrar. Mas o que está dado não é o
intentado.

Como, então? O absolutamente compreensível por si,
o dar-se em si mesmo intuitivo, apresenta-se apenas na
vivência singular e nos seus momentos e partes singulares, ou seja, é unicamente a posição intuitiva do *isto-aqui*?
Não devia haver uma posição intuitiva de outros dados
como dados absolutos, por ex., de universalidades, de tal
modo que um universal chegasse intuitivamente a dado
evidente por si, e de que fosse absurdo duvidar?

Como seria estranho limitar-se aos dados fenomenoló-
gico-singulares da *cogitatio* é o que ressalta já do facto de

76 | EDMUND HUSSERL

perder a sua validade toda a meditação sobre a evidência que levámos a cabo, apoiando-nos em Descartes, e que seguramente estava penetrada de absoluta claridade e evidência. Efectivamente, a propósito do caso singular presente de uma *cogitatio*, por ex., de um sentimento, que justamente estamos a viver, poderíamos talvez dizer: 'isto está dado', mas nunca nos seria lícito aventurar a proposição universalíssima: *o dado de um fenómeno reduzido é, em geral, um dado absoluto e indubitável.* Isto é só para vos colocar no caminho. Em todo o caso, é óbvio que a possibilidade de uma crítica do conhecimento depende da apresentação de ainda outros dados absolutos, além das *cogitationes* reduzidas. Vendo com maior exactidão, ultrapassamos já as *cogitationes* reduzidas com os juízos predicativos que sobre elas proferimos. Já quando dizemos – 'na base deste fenómeno judicativo está este e este fenómeno de representação;

/51/ este / fenómeno perceptivo contém tais e tais momentos, por ex., conteúdos cromáticos, etc.' –; e quando, a título de pressuposição, fazemos estes enunciados na mais pura adequação aos dados da *cogitatio*, vamos certamente além das simples *cogitationes* com as formas lógicas, que se reflectem também na expressão linguística. Há aqui um *plus*, que não consiste numa simples aglomeração de novas *cogitationes*! E ainda que às *cogitationes*, sobre as quais fazemos enunciados, se acrescentem pelo pensar predicativo novas *cogitationes*, não são estas, no entanto, as que constituem o estado de coisas predicativo, a objectalidade do enunciado.

Mais facilmente apreensível, pelo menos para quem consiga colocar-se na posição do puro ver e evitar todos os preconceitos naturais, é o conhecimento de que *podem chegar ao absoluto dar-se em si* não só objectos singulares, mas também *universalidades, objectos universais e estados de coisas universais.* Este conhecimento é de importância decisiva

A IDEIA DA FENOMENOLOGIA | 77

para a possibilidade de uma fenomenologia. Com efeito, o seu carácter peculiar é ser análise de essências e investigação de essências no âmbito da consideração puramente intuitiva, no âmbito da autopresentação absoluta. É este necessariamente o seu carácter; a fenomenologia quer ser ciência e método, a fim de elucidar possibilidades, possibilidades do conhecimento, possibilidades da valoração, e as elucidar a partir do seu fundamento essencial; são possibilidades universalmente em questão e, portanto, as investigações fenomenológicas são investigações universais de essências. A análise de essências é *eo ipso* análise genérica, o conhecimento de essências é conhecimento dirigido para essências, para objectalidades universais. E tem aqui também o seu legítimo lugar o falar de *apriori*. Pois, que significa conhecimento apriórico – pelo menos, no caso de excluirmos os conceitos empiristicamente falseados de *apriori* – senão um conhecimento puramente dirigido para essências genéricas, conhecimento que extrai a sua validade puramente da essência?

Em todo o caso, este é um conceito legítimo de *apriori*, outro surge quando por *apriori* entendemos todos os conceitos que, como categorias, têm uma significação de princípio em sentido preciso e, além disso, quando por tal entendemos também as leis de essência, que se findam nestes conceitos.

/ Se mantivermos aqui o primeiro conceito de *apriori*, /52/ a fenomenologia tem a ver com o *apriori* na esfera das origens, dos dados absolutos, com as espécies que se apreendem na intuição genérica e com os estados de coisas aprióricos, que se constituem como imediatamente visíveis com base naquelas. Em referência à crítica da razão, não só da teorética, mas também da prática e de qualquer outra razão, a meta fundamental é, certamente, o *apriori* no segundo sentido, a averiguação das formas e estados de coisas principais, susceptíveis de a si mesmos se

78 | EDMUND HUSSERL

darem e, por meio de tais autopresentações, a realização, o aproveitamento e a avaliação dos conceitos e leis da lógica, da ética e da axiologia, que se apresentam com a pretensão à importância de princípios.

/ Quarta Lição /53/

Ampliação da esfera de investigação por meio da intencionalidade [p. 55] – A autopresentação do universal; o método filosófico da análise de essências [p. 56] – Crítica da teoria emocional da evidência; a evidência como autopresentação [p. 59] – A não limitação à esfera da imanência ingrediente; tema – toda a autopresentação [p. 60].

/ Se nos ativermos à simples fenomenologia do conheci- /55/
mento, trata-se nela da *essência do conhecimento*, patenteável
de modo directo e intuitivo, isto é, trata-se, no âmbito da
redução fenomenológica e da autopresentação, de uma
patenteação intuitiva e separação analítica das múltiplas
espécies de fenómenos, que a vasta rubrica de «conhecimento» abarca. A questão é, pois: que é que neles reside
e se fundamenta, de que factores constam, que possibilidades de complexão fundam – sempre por essência e
de modo puramente imanente; e que relações genéricas
daqui promanam em geral.

E não se trata apenas do imanente como ingrediente,
mas também do *imanente no sentido intencional*. As vivências
cognitivas – e isto pertence à essência – têm uma *intentio*,
visam (*meinen*) algo, referem-se, de um ou outro modo,
a uma objectalidade. É próprio delas referir-se a uma objectalidade, mesmo se a objectalidade lhes não pertence.
E o objectal (*Gegenständlich*) pode aparecer, pode ter, no
aparecer, um certo dar-se, enquanto que ele, não obstante,
não está como ingrediente (*reell*) no fenómeno cognitivo,
nem é em mais nenhum sentido *cogitatio*. Elucidar a essência
do conhecimento e trazer à autopresentação as relações de
essência, que a ele pertencem, quer, pois, dizer: investigar
por ambos os lados (*), perscrutar esta referência, que

(*) Isto é, «o imanente como ingrediente» (ou incluso) e «o
imanente no sentido intencional». *(N.T.)*

82 | EDMUND HUSSERL

corresponde à essência do conhecimento. E aqui residem, certamente, os enigmas, os mistérios, os problemas em tomo do sentido último da objectalidade do conhecimento e, entre eles, o da sua apreensibilidade ou inapreensibilidade, quando é conhecimento judicativo, e o da sua adequação, quando é conhecimento evidente, etc. Em todo o caso, toda esta investigação de essências é manifestamente, na realidade, investigação genérica. O fenómeno cognitivo singular que, no fluxo da consciência, vem e desaparece, não é o objecto da averiguação fenomenológica. Visam-se as «fontes do / conhecimento»; as origens, que importa intuir genericamente; os dados absolutos genéricos, que constituem as medidas fundamentais e universais, pelas quais há que medir todo o sentido e, em seguida, também o direito, do pensar confuso, e resolver todos os enigmas que ele põe na sua objectalidade.

/56/

Mas, pode realmente uma *universalidade*, podem efectivamente essências universais e seus correspondentes estados de coisas universais chegar em igual sentido à autopresentação como uma *cogitatio*? *O universal como tal não transcende o conhecimento?* Sem dúvida, o conhecimento universal está dado como fenómeno absoluto, mas é em vão que nele buscamos o universal, o qual há-de ser idêntico, no mais estrito sentido, em inumeráveis conhecimentos possíveis do mesmo conteúdo imanente.

Respondemos, naturalmente, como já temos respondido: o universal possui, evidentemente, esta transcendência. Toda a parte ingrediente do fenómeno cognoscitivo – esta singularidade fenomenológica – é, por seu turno, uma singularidade; por conseguinte o universal, que não é particularidade alguma, não pode estar contido como ingrediente na consciência da universalidade. Mas tornar-se perplexo perante *esta* transcendência nada mais é do que preconceito; brota de uma consideração inadequada

A IDEIA DA FENOMENOLOGIA | 83

do conhecimento, e não criada a partir da própria fonte. Importa justamente clarificar que o fenómeno absoluto, a *cogitatio* reduzida, não vale para nós como absoluto dar-se em si mesmo por ser uma singularidade, mas porque se revela *precisamente como autopresentação absoluta* ao puro olhar, após a redução fenomenológica. Puramente vendo, podemos, não menos, encontrar como *justamente* um tal modo dado absoluto, a universalidade.

É realmente assim? Ora bem, vejamos casos em que se dá o universal, isto é, casos em que, com base numa singularidade intuída e que a si mesma se dá, se constitui uma consciência puramente imanente da universalidade. Tenho uma intuição singular, ou várias intuições singulares, de vermelho; retenho a pura imanência, procuro levar a cabo a redução fenomenológica. Prescindo do que o vermelho de costume significa, de como ele pode ser transcendentemente apercebido, por ex., como o vermelho de um mata-borrão / em cima da minha mesa, /57/ etc., e, agora, vendo puramente, levo a cabo o *sentido* do pensamento de vermelho em geral, de vermelho *in specie*, por ex., o *universal idêntico* destacado visualmente a partir disto e daquilo; a singularidade já não é agora intentada como tal; não se visa isto e aquilo, mas o vermelho em geral. Se, na realidade, fizermos isto puramente vendo, poderíamos ainda duvidar compreensivelmente de que seja o vermelho em geral, de que seja intentado com tais palavras, de que possa ser segundo a sua essência? Vemo--lo, aí está ele, visamos isso aí, essa espécie de vermelho? Poderia uma divindade, um intelecto infinito, ter da essência do vermelho mais do que, justamente, intuí-la genericamente?

E se, por ex., temos dadas duas espécies de vermelho, dois matizes de vermelho, não podemos nós julgar que são semelhantes, não estes fenómenos individualmente singulares de vermelho, mas as espécies, os matizes como

84 | EDMUND HUSSERL

tais? A relação de semelhança não é aqui um dado genérico absoluto?

/a/ / Portanto, também este é um dado puramente imanente, não imanente no falso sentido, a saber, mantendo-se na esfera da consciência individual. Não se fala dos actos da abstracção no sujeito psicológico, nem das condições psicológicas sob as quais ela se realiza. Fala-se é da essência genérica ou sentido genérico de vermelho e do seu estar dado na intuição genérica.

Ora bem, assim como é absurdo perguntar ainda e duvidar de qual seja a essência do vermelho, ou o que é o sentido do vermelho quando, vendo o vermelho e apreendendo-o na sua índole específica, se visa com a palavra 'vermelho' justa e exactamente o que é apreendido e visto, assim também não tem sentido duvidar ainda, no tocante à essência do conhecimento e à sua configuração, de qual seja o seu sentido, quando se têm dados diante dos olhos, numa consideração puramente visual e ideadora, no seio da esfera da redução fenomenológica, os correspondentes fenómenos exemplares e a sua espécie. Só que, decerto, o conhecimento não é uma coisa tão simples como o vermelho, e há que distinguir múltiplas formas e espécies suas e não apenas isto, mas, além disso, importa investigá-las nas suas relações recíprocas de essência. Pois, entender o conhecimento significa elucidar genericamente os *nexos teleológicos* do
/58/ conhecimento, / que vão desembocar em certas relações de essência entre diversos tipos essenciais de formas intelectuais. E aí se insere também a clarificação última dos princípios que, como normas, como condições ideais da possibilidade da objectividade científica, regulam todo o procedimento científico empírico. Toda a investigação dirigida para a ilustração dos princípios se move inteiramente na esfera das essências, a qual, por sua vez, se constitui sobre o subsolo dos fenómenos singulares da redução fenomenológica.

A IDEIA DA FENOMENOLOGIA | 85

A análise é, em cada passo, análise de essências e exploração dos estados de coisas genéricos que se podem constituir na intuição imediata. Toda a inquirição é, pois, apriorística; naturalmente, não é apriorística no sentido das deduções matemáticas. O que a diferencia das ciências prióricas objectivantes é o seu método e o seu objectivo. *A fenomenologia procede elucidando visualmente, determinando e distinguindo o sentido.* Compara, distingue, enlaça, põe em relação, separa em partes ou segrega momentos. Mas tudo no puro ver. Não teoriza nem matematiza; não leva a cabo explicações algumas no sentido da teoria dedutiva. Ao elucidar os conceitos e proposições fundamentais que, como princípios, dominam a possibilidade da ciência objectivante (mas, por fim, fazendo também dos seus próprios conceitos fundamentais e princípios objectos de clarificação reflexiva), termina onde começa a ciência objectivante. É, pois, ciência num sentido totalmente diferente, com tarefas inteiramente diversas e com um método completamente distinto. *A sua particularidade exclusiva é o procedimento intuitivo e ideador dentro da mais estrita redução fenomenológica, é o método especificamente filosófico, na medida em que tal método pertence essencialmente ao sentido da crítica do conhecimento e, por conseguinte, ao de toda a crítica da razão em geral* (portanto, também ao da razão valorativa e da razão prática). Mas o que se chama ainda filosofia, no sentido genuíno, além da crítica da razão – isto é, a metafísica da / natureza e metafísica da /59/ vida do espírito no seu conjunto e, assim, a metafísica em geral, no sentido mais amplo, – deve plenamente referir-se a esta crítica.

Em tais casos do ver, fala-se de *evidência* e, na realidade, os que conhecem o conceito pleno de evidência e o mantêm quanto à sua essência têm exclusivamente em vista factos desta índole. O fundamental é não passar por alto que a evidência é esta consciência que efectivamente vê,

86 | EDMUND HUSSERL

que apreende [o seu objecto] directa e adequadamente;
que evidência nada mais significa do que o adequado dar-
-se em si mesmo. Os teóricos empiristas do conhecimento,
que tanto falam do valor da investigação das origens e
permanecem tão longe das verdadeiras origens como os
mais extremos racionalistas, querem-nos fazer crer que
toda a diferença entre os juízos evidentes e os juízos não
evidentes consiste num certo sentimento, pelo qual se
distinguem os primeiros. Mas, que é que um sentimento
pode aqui tomar compreensível? Que pode ele realizar?
Irá, porventura, gritar-nos 'alto! Aqui está a verdade'?
Mas, porque havemos nós de lhe dar crédito? Esta fé
não deve, por seu turno, ter um índice de sentimento?
E porque é que um juízo do sentido «2 vezes 2 são 5»
nunca tem este índice de sentimento? E porque não o
pode ter? Como se chega propriamente a esta doutrina
tão sentimental dos índices? Ora bem, alguém diz para si
mesmo: o mesmo juízo, falando em termos lógicos, por
ex., o juízo '2 vezes 2 são 4', pode ser para mim evidente,
umas vezes, e outras, não; o mesmo conceito de 4 pode,
umas vezes, estar-me dado intuitivamente em evidência
e, outras, numa representação meramente simbólica.
Portanto, quanto ao conteúdo, em ambos os casos, o
mesmo fenómeno; mas, num lado, uma prioridade de
valor, um carácter que confere valor, um sentimento que
marca. Tenho eu, efectivamente, nos dois casos, o mesmo,
só que, uma vez, se acrescenta um sentimento e, outra,
não? Se, porém, se olharem os fenómenos, logo se adverte
que, na realidade, não é o mesmo fenómeno que existe
nas duas vezes, mas são dois fenómenos essencialmente
distintos, e que têm apenas uma coisa em comum. Se
vejo que 2 vezes 2 são 4 e se o digo em juízos vagamente
simbólicos, intento algo de igual; mas um visar algo de
igual não significa ter o mesmo fenómeno. O conteúdo
é, em ambos os casos, diverso; numa das vezes, vejo, e

A IDEIA DA FENOMENOLOGIA | 87

o próprio estado de coisas está dado no ver; na outra, tenho um visar (*Meinung*) simbólico. Uma vez, tenho a intuição; na outra, a intenção vazia.

/ Consiste, pois, a diferença em que, nos dois casos, há algo de comum, o mesmo «sentido», num com um índice de sentimento e, no outro, não? Mas examinem- -se apenas os próprios fenómenos, em vez de acerca deles se falar e se fazerem construções a partir de cima. Tomemos um exemplo ainda mais simples: se uma vez tenho o vermelho, em intuição viva, e, outra, penso no vermelho em intenção simbólica vazia, porventura está então inclusamente presente, em ambas as vezes, o mesmo fenómeno de vermelho, só que num caso com um sentimento e, noutro, sem sentimento? /60/

Só falta, pois, mirar os fenómenos e reconhecer que são totalmente diversos, unidos apenas por algo que nos dois se pode identificar, e que chamamos sentido. Mas, se a diferença consiste nos próprios fenómenos, será preciso, porventura, ainda um sentimento para os distinguir? E não consiste a diferença justamente em que, num caso, há autopresentação do vermelho, o dar-se em si dos números e da igualdade numérica geral, ou, em expressão subjectiva, há captação visual adequada e o próprio ter dessas coisas e, noutro caso, justamente um simples visar as coisas? Não podemos, pois, familiarizar-nos com esta evidência sentimental. Só poderia justificar-se se ela se creditasse no ver puro e se o ver puro significasse precisamente o que *nós* lhe atribuímos e a ela própria contradiz.

Com o emprego do conceito de evidência, podemos agora dizer também: temos a evidência do ser da *cogitatio* e, porque a temos, ela não implica enigma algum, portanto, também não o enigma da transcendência; vale para nós como algo de inquestionável, de que nos é permitido dispor. Não menos temos evidência do universal; *objecta-*

88 | EDMUND HUSSERL

lidades e estados de coisas universais surgem-nos em auto-
-presentação e estão dados no mesmo sentido, portanto,
inquestionavelmente; e estão autodados adequadamente
no sentido mais rigoroso.

Por conseguinte, a redução fenomenológica não
significa a limitação da pesquisa à esfera da imanência
ingrediente, à esfera do incluído como ingrediente no
isto absoluto da *cogitatio*; não significa de modo algum
o confinamento à esfera da *cogitatio*, mas a restrição à
esfera do *dar-se em si puro*, à esfera daquilo de que não
/61/ só se fala e que / não só se intenta; também não à esfera
do que se percepciona, mas à esfera do que está dado
exactamente no sentido em que é visado, e autodado no
sentido mais estrito, de tal modo que nada do intentado
deixa de estar dado. Numa palavra, restrição à esfera da
pura evidência, entendendo, porém, a palavra em certo
sentido estrito, que exclui já a «evidência mediata» e,
sobretudo, toda a evidência em sentido laxo.

O dado absoluto é algo de último. Naturalmente, pode
com facilidade dizer-se e afirmar-se que se teve algo de
absolutamente dado e que, na verdade, não foi assim.
Também do dado absoluto se pode falar vagamente e pode
ele estar dado num dar-se absoluto. Assim como posso
ver um fenómeno de vermelho e posso simplesmente
dele falar, sem ver, assim posso também falar sobre o ver
do vermelho e ver o ver do vermelho e, portanto, captar
visualmente o próprio ver do vermelho. Por outro lado,
negar absolutamente a autopresentação significa negar
toda a norma última, toda a medida fundamental que dá
sentido ao conhecimento: Haveria, então, que declarar
tudo como ilusão e, de modo contraditório, qualificar de
ilusão também a ilusão como tal e, assim, embrenhar-se
no contra-senso do cepticismo. No entanto, é evidente
que só pode argumentar desta maneira contra o céptico
quem *vê* fundamentos, quem justamente conserva sen-

A IDEIA DA FENOMENOLOGIA | 89

tido ao ver, ao intuir, à evidência. Quem não vê ou não quer ver, quem fala e até argumenta, mas continua sempre a tomar sobre si todas as contradições e, ao mesmo tempo, a negar toda a contradição, com ele nada podemos fazer. Não podemos responder: 'É «manifestamente» assim'; ele nega que exista tal coisa como «evidente»; é como se alguém que não vê quisesse negar a vista, ou, ainda melhor, como se alguém que vê quisesse negar que vê e que existe a vista. Como poderíamos convencê-lo, na suposição de que não tivesse nenhum outro sentido?

Se, pois, nos ativermos ao absoluto dar-se em si mesmo, acerca do qual já sabemos agora que ele não significa a autopresentação das singularidades ingredientes, por ex., das singularidades absolutas da *cogitatio*, pergunta-se, então, até onde ele vai e em que medida ou em que sentido se vincula à esfera das *cogitationes* e / das universalidades /62/ que as generalizam. Se se rejeitou o preconceito primeiro e natural que vê na *cogitatio* singular e na esfera da imanência ingrediente o único absolutamente dado, então há também que acabar com o outro preconceito, e não menos natural, como se *unicamente* nas intuições genéricas procedentes dessa esfera surgissem novas objectalidades dadas em si mesmas.

«Ao vivê-las conscientemente, temos absolutamente dadas, na percepção reflexa, as *cogitationes*» – começar-se-ia talvez por dizer; «e podemos então olhar o universal que nelas e nos seus momentos ingredientes se singulariza, apreender universalidades em abstracção intuitiva e constituir, no pensamento relacionante intuitivo, como estados de coisas que a si mesmos se dão, as conexões de essência que se fundam puramente naquelas. E isto é tudo.»

Todavia, não há, para o conhecimento intuitivo das origens, dos dados absolutos, tendência mais perigosa do que a de se fazer demasiados pensamentos e extrair destas

90 | EDMUND HUSSERL

reflexões especulativas supostas coisas evidentes. Coisas óbvias que, na sua maioria, não costumam de modo algum formular-se expressamente e que, já por isso, não se submetem a nenhuma crítica intuitiva, determinando antes tacitamente a direcção da investigação e restringindo-a de modo inadmissível. *A razão é conhecimento intuitivo, que se propõe justamente reduzir o entendimento à razão.* O entendimento não deve interferir e introduzir de contrabando as suas letras em branco não sacadas entre as já pagas; e aqui de nenhum modo se põe em questão o seu método de câmbio e conversão, que se funda apenas nos simples bónus do Tesouro.

Portanto, o menos possível de entendimento, mas o mais possível de intuição pura; (*intuitio sine comprehensione*); recordamo-nos, efectivamente, da linguagem dos místicos, quando descrevem a intuição (*Schauen*) intelectual, que não é nenhum saber do entendimento. E toda a arte consiste em deixar a palavra puramente ao olho que vê e em desligar o visar (*Meinen*) que, entrelaçado com o ver, transcende; em desligar o suposto ter juntamente dado, o concomitantemente pensado e, eventualmente, o que é uma interpretação introduzida por uma reflexão que se acrescenta. A constante pergunta soa assim: o /63/ que é intentado está / dado no sentido autêntico, vê-se e apreende-se no sentido mais estrito, ou o intentado (*das Vermeinte*) vai mais além?

Suposto isto, depressa reconhecemos que seria uma *ficção* crer que a investigação intuitiva se move na esfera de uma pretensa *percepção interna* e numa abstracção sobre ela edificada, puramente imanente, que capta as ideias dos seus fenómenos e fenómenos-momentos. Há múltiplos modos de objectalidade e, com eles, do chamado dar-se [dos objectos] (*Gegebenheit*) e, talvez, o dar-se do ente, no sentido da chamada «percepção interna» e, por sua vez, o dar-se do ente da ciência natural e objectivante

A IDEIA DA FENOMENOLOGIA | 91

são apenas alguns de entre os modos do dar-se, ao passo que os outros, se bem que qualificados de não entes, são no entanto [modos de] dar-se, e só porque o são é que podem contrapor-se àqueles e deles se diferenciar na evidência.

/ Quinta Lição

/64/

A constituição da consciência do tempo [p. 67]
– A apreensão das essências como o dar-se evidente da
essência; a constituição da essência singular e da consciência da universalidade [p. 68] – Os dados categoriais
[p. 71] – O simbolicamente pensado como tal [p. 73]
– O domínio de investigação no seu mais vasto âmbito:
a constituição dos diversos modos de objectalidade no
conhecimento; o problema da correlação entre conhecimento e objectalidade do conhecimento [p. 73].

/ Tendo nós estabelecido a evidência da *cogitatio* e /67/
aceitado, depois, o passo ulterior do dar-se evidente do
universal, logo este passo leva a outros.
Percepcionando a cor e exercitando a redução, obtenho o fenómeno puro de cor. E se agora levo a cabo
uma pura abstracção, obtenho assim a essência de cor
fenomenológica em geral. Mas, não estou eu também na
plena posse desta essência, quanto tenho uma fantasia
clara?
No tocante à *recordação*, ela não é coisa tão simples e
já oferece, entrelaçadas umas com as outras, diferentes
formas de objectalidade e do dar-se. Poderia assim fazer-se
referência à chamada *recordação primeira*, à *retenção* necessariamente interligada com cada percepção. A vivência,
que agora vivemos, torna-se objectal na reflexão imediata,
e continua nela a expor-se o mesmo objecto: o mesmo
som, que fora ainda há pouco um agora efectivo, sempre
o mesmo, mas retrocedendo para o passado e constituin-
do nele o mesmo ponto objectivo do tempo. E se o som
não cessa, mas dura e, enquanto dura, se expõe, quanto
ao conteúdo, como o mesmo ou variando, porventura
não pode apreender-se com evidência (dentro de certos
limites) que ele dura ou varia? E, por seu turno, não se
deve a isto que o ver *vá além* do puro ponto do agora,
portanto, que consiga reter intencionalmente, no novo

96 | EDMUND HUSSERL

agora respectivo, o que já não existe agora, e que consiga estar certo de um trecho de passado no modo de dado evidente? E novamente se distingue aqui, por um lado, o objectal respectivo, que é e era, que dura e varia e, por outro, o correspondente fenómeno de presente e passado, de duração e variação, que é respectivamente um agora e, no seu perfil (*Abschattung*), que ele contém, /68/ e, na permanente / variação, que experimenta, traz ao fenómeno, à manifestação, o *ser temporal*. O [elemento] objectal não é nenhum pedaço ingrediente do fenómeno, na sua temporalidade tem algo que não se deixa encontrar no fenómeno e nele se dissolver e que, no entanto, se constitui no fenómeno. Expõe-se nele e está nele evidentemente dado como «sendo».

Além disso, no que concerne ao dar-se das essências, constitui-se ela não simplesmente na base da percepção e da retenção com ela enlaçada – de modo que, por assim dizer, tira do próprio fenómeno um universal –, mas também de modo que *universaliza* o objecto que aparece e põe em relação a ele uma universalidade: por ex., conteúdo temporal em geral, duração em geral, variação em geral. Ademais, também a fantasia e a rememoração lhe podem servir de base; elas fornecem as próprias possibilidades susceptíveis de serem captadas puramente. O dar-se das essências extrai também, no mesmo sentido, destes actos universalidades que, por outro lado, não estão neles contidos como ingredientes.

É óbvio que uma apreensão de essências (*Wesenser-fassung*) plenamente evidente *remete* para uma intuição singular, sobre cuja base tem de se constituir, mas *não para uma percepção singular*, que tenha dado o singular exemplar como algo de genuinamente agora presente. A essência de qualidade e intensidade acústicas fenomenológicas, de matiz cromático fenomenológico, de luminosidade fenomenológica, etc., está dada tanto

A IDEIA DA FENOMENOLOGIA | 97

quando a abstracção ideadora se realiza com base numa *percepção* como quando se efectua com base numa *representação da fantasia* e, em ambos os casos, é *irrelevante* a *posição* (real e modificada) *de existência*. O mesmo se passa com a apreensão de essências, que se refere às espécies de dados psíquicos em sentido próprio, como juízo, afirmação, negação, percepção, raciocínio, etc. E, naturalmente, vale também para estados de coisas genéricos, que correspondem a tais universalidades. A evidência de que, de duas espécies de sons, uma é mais baixa e outra mais alta, e que esta relação não é invertível, constitui-se na visão. Tem de haver exemplos diante dos olhos, mas não forçosamente no modo de estados de coisas da percepção. Para a consideração de essências, a percepção e a representação da fantasia estão no mesmo pé de igualdade; a partir de ambas se pode destacar igualmente bem e abstrair a mesma essência, / e as posições /69/ de existência nelas entremeadas são irrelevantes; que o som percebido juntamente com a sua intensidade, a sua qualidade, etc., *exista* em certo sentido, e que o som da fantasia – digamos de modo directo, o som *fingido* – *não exista*; que um seja genuinamente presente com evidência, e o outro não, que, no caso da rememoração, o som seja posto, em vez de como sendo agora ter antes sido e existir no agora unicamente representado, tudo isso se inscreve numa outra consideração; para a consideração de essências, isso não interessa, a não ser que ela se dirija justamente a apresentar estas diferenças – as quais têm também o seu dar-se – e a estabelecer sobre elas intelecções genéricas.

Além disso, é evidente que mesmo quando os exemplos subjacentes estão dados nas percepções, não se toma precisamente em consideração o que atribui o rótulo ao dado da percepção: a existência. A fantasia, porém, não só actua de modo semelhante para a consideração das

98 | EDMUND HUSSERL

essências, mas também parece conter em si mesma *dados singulares* e, claro, dados efectivamente evidentes. Tomemos a *mera fantasia* como fantasia, sem a posição da lembrança. Uma cor fantasiada não é nenhum dado no sentido de uma cor da sensação. Distinguimos a cor fantasiada de uma vivência do fantasiar esta cor. A vaga noção em mim da cor (para toscamente o exprimir) é um agora, é uma *cogitatio* agora existente, mas a cor em si mesma não é uma cor agora existente, não é uma cor sentida. Por outro lado, no entanto, ela está dada de certo modo, pois está diante dos meus olhos. Também ela, tal como a cor da sensação, pode ser reduzida: mediante a exclusão de todas as significações transcendentes, ela não significa para mim, pois, a cor do papel, a cor da casa, etc. Pode suspender-se toda a posição empírica da existência; tomo então a cor exactamente como a «vejo», como quase a «vivo». Mas, apesar de tudo, ela não é uma parte ingrediente da vivência da fantasia, não é cor presente mas representada; está *por assim dizer* diante dos olhos, mas não é presença genuína. Não obstante, ela é vista e como vista está, em certo sentido, dada. Não a ponho, pois, como *existência* física ou psíquica; também não a ponho como existência no sentido de uma autêntica *cogitatio*, pois esta é um agora ingrediente, um dado, que está evidentemente caracterizado como dado agora.

/70/ / O facto de a cor da fantasia não estar dada nem num nem noutro sentido não significa, porém, que ela não o esteja em nenhum. Aparece e aparece ela própria, exibe-se a si mesma; vendo-a na sua presentação, posso julgar acerca dela, acerca dos momentos que a constituem e das conexões entre eles. Naturalmente, também eles estão dados no mesmo sentido e, no mesmo, não são 'efectiva-mente' existentes na vivência total da fantasia, não estão inclusamente presentes, estão apenas «representados». O puro juízo de fantasia, que expressa simplesmente o

A IDEIA DA FENOMENOLOGIA | 99

conteúdo, a essência singular do que aparece, pode dizer: 'Isto é de tal índole, contém estes momentos, modifica-se assim e assado, sem julgar minimamente acerca da existência como ser real no tempo real, sobre o ser-agora, o ser-passado e o ser-futuro efectivos. Poderíamos, pois, dizer que se julga sobre a *essência individual* e não sobre a existência. Precisamente por isso, o juízo genérico de essências – que habitualmente designamos em geral como juízo de essências – é independente da diferença entre percepção e fantasia. A percepção põe *existência*, mas tem também uma *essência*; o *conteúdo* posto como existente pode ele próprio estar na representação.

Mas a, contraposição de *existência* e *essência*, nada mais diz senão que aqui se manifestam dois modos de ser em dois modos de autopresentação e que se devem distinguir. No simples fantasiar de uma cor, a existência, que coloca a cor como realidade no tempo fica fora de questão; a seu respeito nada se julga e nada dela é também dado no *conteúdo* da fantasia. Mas esta cor aparece, ela está aí, é um isto, pode tornar-se o sujeito de um juízo, e de um juízo evidente. Portanto, nas intuições da fantasia e nos juízos evidentes que nelas se fundam, anuncia-se um modo de dar-se. Sem dúvida, se nos fixarmos na esfera do individualmente singular, não se enceta grande coisa com tais juízos. Só quando constituímos juízos genéricos de essências é que obtemos objectividade firme, como a ciência exige. Mas isso não nos interessa aqui. Parece, porém, que nos precipitámos num belo remoinho.

O ponto de partida foi a *evidência da cogitatio*. A princípio, pareceu que tínhamos um solo firme, genuíno / *puro* /71/ *ser*. Aqui, haveria apenas que agarrar e ver. Facilmente se podia conceder que, a propósito destes dados, era possível comparar e distinguir, extrair universalidades específicas e assim juízos de essências. Mas, agora, revela-se que o puro ser da *cogitatio*, numa consideração mais precisa, não se

100 | EDMUND HUSSERL

exibe como uma coisa tão simples; mostrou-se que já na esfera cartesiana se «constituem» diferentes *objectalidades*, e o constituir significa que os dados imanentes não estão simplesmente na consciência como uma caixa – como de início se afigura –, mas que se exibem respectivamente em algo assim como «fenómenos», em fenómenos que não são eles próprios os objectos nem contêm como ingredientes os objectos; fenómenos que, na sua mutável e muito notável estrutura, criam de certo modo os objectos para o eu, na medida em que precisamente se requerem fenómenos de tal índole e tal formação para que exista o que se chama um «dado».

Na percepção com a sua retenção constitui-se o *objecto temporal originário*, só numa tal consciência pode o tempo ser dado. Assim, na *consciência da universalidade*, edificada sobre a percepção ou a fantasia, constitui-se o universal; na fantasia, e também na percepção, constitui-se, prescindindo da posição de existência, o conteúdo de intuição no sentido da *essência* singular. E a isto acrescentam-se – para logo de novo se recordarem – os actos categoriais, que são aqui sempre o pressuposto dos enunciados evidentes. As formas categoriais, que aí surgem, que se exprimem em palavras como *é* e *não*, *o mesmo* e *outro*, *um* e *vários*, *e* e *ou*, na forma da predicação e atribuição, etc., remetem para formas do pensamento, mediante as quais, porém, quando se constroem adequadamente, e com base em actos elementares que importa enlaçar sinteticamente, vêm à consciência certos dados: estados de coisas desta ou daquela forma ontológica. Também aqui «acontece» o «constituir-se» da respectiva objectalidade em actos de pensamento formados assim ou assado; e a consciência, na qual se leva a cabo o dar-se, por assim dizer, o puro ver as coisas, não é algo assim como uma simples caixa /72/ em que / estes dados simplesmente se encontram, mas a *consciência que vê* – prescindindo da atenção – são *actos de*

A IDEIA DA FENOMENOLOGIA | 101

pensamento formados de tal ou tal modo, e as coisas, que não são os actos de pensamento, estão no entanto neles constituídas, vêm neles a dar-se; e, por essência, somente assim constituídas se mostram como aquilo que elas são. Mas não são todas estas coisas puros milagres? Onde começa este constituir de objectalidades e onde cessa? Há aí limites efectivos? Não se leva em certo sentido a cabo, em cada representação e juízo, um dar-se? Não é toda a objectalidade, enquanto é intuída, representada, pensada de tal ou tal modo, um dado, e um dado evidente? Na percepção de uma coisa exterior, a coisa – digamos, uma casa que está diante dos nossos olhos – denomina-se justamente percebida. Esta casa é uma transcendência e sucumbe, segundo a existência, à redução fenomenomenológica. Está dado de um modo efectivamente evidente o aparecer da casa, esta *cogitatio* que emerge e flui no rio da consciência. Neste fenómeno da casa, encontramos um fenómeno de vermelho, um fenómeno de extensão, etc. São dados evidentes. Mas, não é também evidente que, no fenómeno da casa, aparece precisamente uma casa, em virtude da qual aquele se chama justamente uma percepção de casa? E não apenas uma casa em geral, mas precisamente esta casa, determinada assim e assado e que aparece em tal determinação. Não posso eu, ao julgar com evidência, dizer: «Em conformidade com o fenómeno – ou no sentido desta percepção –, a casa é assim e assado, um edifício de tijolo, com telhado de ardósia, etc.?»

E se levar a cabo na fantasia uma ficção, por exemplo, se imagino o cavaleiro S. Jorge matando um dragão, não é evidente que o fenómeno de fantasia representa justamente S. Jorge e, claro, S. Jorge «que» «é» descriptível deste e daquele modo; – e, no caso presente, esta «transcendência»? Não posso eu aqui julgar com evidência, não acerca do conteúdo ingrediente do fenómeno de fantasia, mas a propósito do objecto coisal que aparece? Sem dúvida, é só um lado do objecto, ora este ora aquele, que entra no âmbito da autêntica representação, mas, seja como for, é, no entanto, evidente que este objecto – o cavaleiro S. Jorge, etc. – se encontra no sentido do fenómeno e se manifesta nele fenomenicamente «como dado».

/73/ / E, finalmente, o chamado *pensamento simbólico*. Penso, por exemplo, '2 vezes 2 é 4' sem intuição alguma. Posso eu duvidar de que penso esta proposição aritmética e de que o pensado não diz, por exemplo, respeito ao tempo que hoje faz? Também aqui tenho evidência, portanto, algo assim como um dar-se? E se chegámos tão longe, não há remédio, temos também de reconhecer que, de certo modo, também o contra-senso, o plenamente absurdo, está «dado». Um quadrado redondo não aparece na fantasia como me surge o [cavaleiro] que mata o dragão; e também não na percepção, como uma coisa exterior qualquer; mas existe aí, no entanto, de modo evidente, um objecto intencional. Posso descrever o fenómeno «pensamento de um quadrado redondo», no tocante ao seu conteúdo ingrediente, mas o quadrado redondo não está nele e, no entanto, é evidente que está pensado neste pensamento e que ao pensado como tal [o pensamento] atribui justamente a redondez e a quadratura, ou que o objecto desse pensamento é redondo e ao mesmo tempo quadrado.

Ora bem, de modo algum se deve dizer que estes dados aduzidos na última enumeração são dados efectivos no sentido autêntico; segundo isso, eventualmente, estaria «evidentemente dado» tudo o que é percebido, representado, fingido, representado fingido, representado simbolicamente, tudo o que é fictício e absurdo; mas deve apenas referir-se que *residem* aqui *grandes dificuldades*. Em princípio, estas não nos podem impedir, antes da sua elucidação, de dizer que *até onde chega a evidência efectiva*

A IDEIA DA FENOMENOLOGIA |103

chega também o dar-se algo. Mas, naturalmente, a grande questão será em toda a parte estabelecer puramente, na realização da evidência, o que nela está verdadeiramente dado e o que não está, o que aqui um pensamento impróprio acrescenta e aditivamente interpreta sem fundamento nos dados.

E trata-se sempre, não de estabelecer como dados fenómenos arbitrários, mas de trazer à intelecção a essência do dar-se e o constituir-se dos diferentes modos de objectalidade. Certamente, todo o fenómeno de pensamento possui a sua referência objectiva e – eis uma primeira evidência de essências – tem o seu conteúdo ingrediente como total dos momentos que o compõem; e, por outro lado, tem o seu objecto intencional, um objecto que ele visa, segundo a sua índole essencial, como constituído de tal ou tal modo.

/ Se este estado de coisas houver efectivamente de /74/ trazer-se à evidência, então, esta evidência tem de ensinar-nos tudo o que é necessário; nela há que esclarecer o que significa propriamente esta «inexistência intencional» e em que relação se encontra com o» conteúdo ingrediente do próprio fenómeno intelectual. Devemos ver em que conexão ela surge como efectiva e autêntica evidência e o que é que nesta conexão constitui o dado efectivo e autêntico. Importará então *realçar os diferentes modos do genuíno dar-se* – respectivamente, *a constituição de diferentes modos da objectalidade e as suas relações recíprocas: o* dar-se da *cogitatio,* o dar-se da *cogitatio que sobrevive na recordação fresca,* o dar-se da *unidade fenoménica* que dura no rio fenomenal, o dar-se da sua *mutação,* o dar-se da *coisa* na percepção «externa», o dar-se das diversas formas da fantasia e rememoração bem como o dar-se das múltiplas *percepções* e outras *representações* que se unificam sinteticamente nas conexões correspondentes. Naturalmente, também os *dados lógicos,* o dar-se da *universalidade,*

104| EDMUND HUSSERL

do *predicado*, do *estado de coisas*, etc., e também o dar-se de um *contra-senso*, de uma *contradição*, de um *não-ser*, etc. O dar-se, quer nele se manifeste algo de simplesmente representado ou algo de verdadeiramente existente, algo de real ou algo de ideal, algo de possível ou algo de impossível, é sempre um *dar-se no fenómeno de conhecimento*, no fenómeno de um pensamento no sentido mais lato da palavra; e *em toda a parte, na consideração de essências, há que prosseguir esta correlação subitamente tão assombrosa.*

Só no conhecimento se pode estudar a essência da objectalidade em geral, segundo todas as suas configurações fundamentais; só nele está dada e se pode ver com evidência. Este *intuir evidente* é, sim, o *conhecimento no sentido mais pleno*; e a objectalidade não é uma coisa, que está dentro do conhecimento como num saco, como se o conhecimento fosse uma forma vazia sempre igual, um e o mesmo saco vazio, no qual umas vezes está metido isto /75/ e, outras, / aquilo. No dar-se, porém, vemos *que o objecto se constitui no conhecimento*; que quantas as configurações fundamentais da objectalidade há a separar tantas são também as configurações basilares dos actos cognitivos que dão e dos grupos e conexões de actos cognitivos que importa distinguir. E os actos cognoscitivos, em termos mais amplos, os actos de pensamento em geral não são singularidades desconexas, que vêm e vão sem nexo no rio da consciência. Revelam, referidos essencialmente uns aos outros, *vínculos* teleológicos e conexões correspondentes de cumprimento, confirmação, verificação e seus opostos. E o que importa são estas *conexões*, as quais exibem a unidade própria do entendimento. Elas mesmas são constituidoras de objectalidade; conectam logicamente os actos que dão de um modo impróprio e os que dão genuinamente, actos de simples representar ou antes de simples crer e actos do intuir; e, por sua vez, ligam as multiplicidades de actos referidos ao mesmo

A IDEIA DA FENOMENOLOGIA |105

[elemento] objectal, quer sejam actos de pensar intuitivo ou de pensar não intuitivo.

E só nestas conexões, não de um só golpe, mas num processo ascendente, se constitui a objectalidade da ciência objectiva, sobretudo a objectalidade da realidade espácio temporal efectiva.

Há que estudar tudo isto e estudá-lo na esfera da evidência pura, para elucidar os grandes problemas da essência do conhecimento e do sentido da *correlação de conhecimento e objectalidade cognoscitiva*. O problema originário foi *a relação entre a vivência subjectivamente psicológica e a realidade nela apreendida*, primeiro, a realidade efectiva e, depois, também as realidades matemáticas e outros seres ideais. Exige-se, primeiro, a evidência de que o *problema radical* deve incidir antes na *relação entre conhecimento e objecto*, mas em sentido *reduzido*, segundo o qual não se fala de conhecimento humano, mas de conhecimento em geral, sem qualquer referência de simultânea posição existencial, quer ao eu empírico ou a um mundo real. Exige-se a evidência de que o / problema verdadeiramente importante é o da *doação última de sentido por parte do conhecimento* e, portanto, ao mesmo tempo, o da objectalidade em geral, que só é o que é na sua correlação com o conhecimento possível. Exige-se ainda a evidência de que este problema só se pode resolver na esfera da evidência pura, na esfera do dar-se que, por ser absoluto, é norma suprema; e de que, por conseguinte, temos de perseguir uma a uma, no procedimento de intuir, todas as configurações fundamentais do conhecimento e todas as configurações basilares das objectalidades que nele, plena ou parcialmente, vêm a dar-se, para assim determinar o sentido de todas as correlações a elucidar. /

/76/

/c/

ANEXOS

/ ANEXO I (⁸)

No conhecimento, está dada a natureza, mas também a humanidade nas suas associações e nas suas obras culturais. Tudo isso *se conhece*. Mas ao conhecimento da cultura, enquanto acto que constitui o sentido da objectalidade, pertence também o valorar e o querer. O conhecimento refere-se ao objecto com um sentido variante, em vivências variantes, em mutáveis afecções e acções do eu. Ao lado da doutrina *lógica* formal do sentido e da doutrina das proposições verdadeiras como sentidos válidos, na atitude natural, temos ainda *outras investigações científicas naturais*: separamos os *géneros fundamentais* (regiões) de objectos e examinamos com universalidade principal, por ex., para a região 'simples natureza física', o que pertence indissoluvelmente à região, a cada objecto da natureza em si e relativamente enquanto objecto natural. Cultivamos a ontologia da natureza. Expomos nela o sentido – e, aqui, isso significa o sentido válido – de um objecto da natureza enquanto objecto do conhecimento da natureza, como «o» objecto nele intentado: expomos aquilo sem

---

(⁸) Este é um anexo *posterior* (1916 ?) à p. [19].

EDMUND HUSSERL

o qual não pode pensar-se um objecto possível da natureza, isto é, um objecto de possível experiência externa da natureza, se é que deve poder ser verdadeiramente existente. Examinamos, pois, o *sentido* da experiência externa (o intentado-objecto) e, claro, o sentido na sua *verdade*, no seu existir verdadeiro ou válido quanto às suas constituintes irrevogáveis.

Examinamos igualmente o *verdadeiro sentido de uma obra de arte em geral* e o sentido particular de uma determinada obra de arte. No primeiro caso, estuda-mos a «essência» de uma obra de arte na pura universalidade; no segundo, o conteúdo efectivo da obra de arte efectivamente dada, o que equivale aqui a conhecer o objecto determinado /80/ (como verdadeiramente / existente, segundo as suas determinações verdadeiras), por exemplo, uma sinfonia de Beethoven. Do mesmo modo, estudamos genericamente a essência de um Estado em geral, ou estudamos empiricamente a essência do Estado alemão numa época, nos seus rasgos universais ou nas suas determinações totalmente individuais, por conseguinte, este ser individual objectivo – o «Estado alemão». O paralelo é, por exemplo, a determinação natural do objecto individual – a Terra. Temos, pois, ao lado das investigações empíricas, das leis empíricas e individuais, as inquirições ontológicas, que são investigações de sentidos verdadeiramente válidos, não só considerados em universalidade formal, mas também na sua determinação regional material.

Sem dúvida, as investigações eidéticas puras ou nunca ou só excepcionalmente foram cultivadas com perfeita pureza. Pelo menos, alguns grupos de investigações científicas apontam para esta direcção e, claro, mantêm-se em solo natural. Acrescenta-se, depois, a investigação psicológica, dirigida para as vivências cognoscitivas e as actividades do eu, na sua universalidade ou em relação com as correspondentes regiões de objectos; para os

A IDEIA DA FENOMENOLOGIA | 111

modos subjectivos como tais objectos se nos dão, como o sujeito perante eles se comporta, como chega a formar deles tais «representações», e que espécies particulares de actos e de vivência (eventualmente valorativas e volitivas) desempenham aí o seu papel.

A propósito do que vem a seguir:

A princípio, só relativamente à natureza se faz sentir o problema da possibilidade de se acercar do ser dos próprios objectos. Ela – diz-se – é em si, e quer nós existamos juntamente com ela e a conheçamos ou não, ela segue em si o seu curso. Conhecemos os homens mediante a expressão na sua corporalidade, portanto, em objectos físicos, e igualmente conhecemos obras de arte e outros objectos culturais como também, por outro lado, sociali-dades. Parece, primeiramente, que, se compreendêssemos apenas a possibilidade do conhecimento da natureza, poderia tornar-se compreensível, por meio da psicologia, a possibilidade de todo o outro conhecimento. Mas a psicologia não parece, além disso, oferecer dificuldades especiais, visto que o [sujeito] cognoscente experimenta directamente a sua própria vida anímica e as outras na «endopatia», por analogia consigo. Limitemo-nos, como fez a teoria do conhecimento até não há muito, à teoria do conhecimento da natureza.

/ ANEXO II ([9]) /81/

Ensaio de modificação e complemento: Suponha-mos que eu fosse como sou, que teria sido como fui, e seria como hei-de ser; suponhamos que aí não falta nenhuma das minhas percepções visuais, tácteis e de outras percepções em geral; que não falta nenhum dos meus processos aperceptivos, nenhum dos meus pensamentos conceptuais, nenhuma das minhas representações e vivências intelectuais e das minhas vivências em geral, todas elas tomadas na sua concreta plenitude, na sua ordem e conexão determinadas. O que é que impediria que, além disso, nada, absolutamente nada existisse? Não poderia um Deus omnipotente ou um espírito mendaz ter criado a minha alma de tal modo e tê-la provido de tais conteúdos de consciência que, de todas as objectalidades nela visadas, nada existisse; na medida em que são algo de extra-anímico? Há talvez coisas fora de mim, mas nem uma só das que tomo por verdadeiras. E talvez não exista em geral coisa alguma fora de mim.

Mas admito coisas efectivas, coisas fora de mim; com que crédito? Com o crédito da percepção externa? Um

---

([9]) À página [20].

114 | EDMUND HUSSERL

simples olhar apreende o meu envolvimento de coisas até ao remotíssimo mundo das estrelas fixas. Mas, talvez tudo isso seja sonho, ilusão dos sentidos. Tais e tais conteúdos visuais, tais e tais apercepções, tais e tais juízos, eis o que é dado, o unicamente dado em sentido genuíno. E inerente à percepção uma *evidência* acerca desta realização da transcendência? Mas, uma evidência, que outra coisa é senão um certo carácter psíquico. A percepção e o carácter de evidência, eis pois o que é dado, e porque é um enigma que a este complexo deva corresponder algo. Talvez eu diga então: '*Inferimos* a transcendência, mediante raciocínios ultrapassamos o imediatamente dado, é em geral obra de inferências / o fundamentar o não-dado por meio do dado.' Mas, se deixarmos de lado a questão de como a fundamentação pode realizar coisas semelhantes, dar-nos-emos esta resposta: 'As inferências analíticas de nada servirão, pois o transcendente não está implicado no imanente. As inferências sintéticas, porém, como poderiam elas ser outra coisa senão inferências da experiência? O experimentado proporciona motivos empíricos, isto é: motivos racionais de probabilidade em prol do não experimentado, mas então, claro, só em prol do experimentável. O transcendente, em princípio, não é experimentável.'

/ ANEXO III ([10]) /83/

É obscura a *referência do conhecimento ao transcendente.* Quando teríamos claridade e onde a teríamos nós? Pois bem, quando e onde a essência desta referência nos fos -se dada de modo a podermos *vê-la*; compreenderíamos então a possibilidade do conhecimento (para a espécie concernente de conhecimento em que isto se efectuasse).

Sem dúvida, esta exigência aparece, de antemão, precisamente como *impossível de cumprir* para todo o conhecimento transcendente e, por isso, parece também que o conhecimento transcendente *é impossível.*

Efectivamente, o *céptico* diz: 'O conhecimento é algo de diverso do objecto conhecido. O conhecimento está dado; o objecto conhecido não está dado e, claro, em princípio não está dado na esfera dos objectos que se chamam transcendentes. E, no entanto, o conhecimento deve referir-se ao objecto e conhecê-lo; como é isto possível?

'Cremos entender como é que uma imagem concorda com uma coisa. Mas só podemos saber que se trata de uma imagem se nos tiverem sido dados casos em que

---

([10]) À página [37].

116| EDMUND HUSSERL

tínhamos a coisa e também a imagem, comparando uma com a outra.

'Mas, como pode o conhecimento ir além de si mesmo e até ao objecto e estar, apesar de tudo, indubitavelmente certo desta referência? Como pode compreender-se que o conhecimento, sem perder a sua imanência, não só possa apreender [as coisas], mas consiga também mostrar esta apreensibilidade? Este ser, esta possibilidade de mostrar pressupõe que, num conhecimento do grupo correspondente, eu possa ver que ele leva a cabo o que aqui se exige. E só se for esse o caso é que podemos entender a possibilidade do conhecimento. Mas se a transcendência é um carácter essencial de certos objectos do conhecimento, como pode isso realizar-se?'

/84/ Portanto, esta consideração pressupõe justamente que a / transcendência é um carácter essencial de certos objectos e que os objectos de conhecimento dessa índole nunca estão dados imanentemente e não o podem estar. E toda esta concepção pressupõe já que a própria imanência não está em questão. É compreensível como conhecer se pode a imanência; mas é incompreensível como a transcendência se pode conhecer.

APÊNDICE CRÍTICO

A PROPÓSITO DO ESTABELECIMENTO
DO TEXTO

O *manuscrito original*, que se encontra na base da presente edição, encontra-se no *Arquivo Husserl de Lovaina*. Tem a indicação F I 43, compreende 42 folhas de formato 21,5 × 27 cm e está escrito, como a maior parte dos manuscritos, no sistema de taquigrafia de Gabelsberg. O corpo do texto está escrito com tinta preta. Mostra diversos complementos e modificações que, em geral, foram feitos a lápis. No texto principal, encontram-se vários anexos que, como tais, reproduzimos. O primeiro provém verosimilmente de um período posterior (1916?), ao passo que o segundo e o terceiro foram redigidos, certamente, a uma distância não muito longa no tempo do texto original.

O texto principal, isto é, tanto o *Encadeamento das Ideias* como o próprio texto das lições, procede da época de Husserl em Göttingen e, mais exactamente, da Primavera de 1907. Segundo as indicações de Husserl no manuscrito, a primeira lição teve lugar em 26 de Abril e a última a 2 de Maio. Como igualmente se depreende de uma nova de Husserl, escreveu o *Encadeamento das Ideias* na noite da última lição. Visto que pronunciou a quinta lição de um

EDMUND HUSSERL

modo diverso do que aparece no texto e uma vez que, por outro lado, no *Encadeamento das ideias*, se vai além do texto da quinta lição, pode supor-se que esta discrepância corresponde à comunicação oral da quinta lição.

Além do manuscrito original, encontra-se igualmente no Arquivo Husserl a transcrição que fez o *Prof. Dr. Landgrebe*, então assistente de Husserl, provavelmente entre 1923 e 1926. Tem a indicação M III 9 1 do Arquivo e abrange 81 páginas escritas à máquina, com algumas notas soltas de Husserl.

A intenção que presidiu à edição foi proporcionar um texto tão completo quanto possível, isto é, tomar em conta todas as adições, os complementos e as modificações, mas, ao mesmo tempo, justamente por causa da importância das *Cinco Lições* na evolução do pensamento de Husserl, dar a possibilidade de reconhecer sem dificuldade a primitiva forma do texto.

Por esta razão, foram registadas no anexo (cf. Notas) todas as alterações que Husserl fez no manuscrito original ou na transcrição de Landgrebe. Quando uma nota não apresenta uma indicação especial de tempo, quer dizer que o complemento ou a variante provêm provavelmente da época da redacção do manuscrito. Quando se anota: *adição posterior*, pretende-se indicar que se trata de uma variante entre 1910 e 1922.

Para o estabelecimento definitivo do texto, foi determinante, como é natural, o manuscrito original. Do texto de Landgrebe extrairam-se sobretudo as notas de Husserl e a maior parte dos títulos dos capítulos, que derivam presumivelmente do próprio Landgrebe.

A pontuação e os sublinhados fizeram-se com base no original, mas sem vinculação total a ele.

NOTAS CRÍTICAS

ENCADEAMENTO DAS IDEIAS DAS LIÇÕES

[11] / O texto desde «O que eu quero é *claridade*» até /a/
«suas asserções sobre o ser» está posto entre parênteses
rectos a lápis. Husserl à margem anota: «Isto é obscuro
ou não fica bem aqui. Anexo.»

[7] / Anotação marginal ulterior ao texto: «Não se põe /b/
em dúvida o imanente, mas o conhecimento do imanente
é exactamente tão problemático e constitui também um
problema difícil.»

[11] / Aqui, vinha a seguir um texto que Husserl riscou /c/
no original. E acrescentou a nota: «Em vez desta exposição,
a essência; essência individual e essência universal.» Na
cópia de Landgrebe, escreveu a propósito do primeiro
parágrafo: «Incorrecto.»

«E de novo encontramos isto no fenómeno da fantasia.
Também nele existe algo de semelhante a um dar-se; algo
nele aparece. É evidente que, por exemplo, na fantasia
de um som aparece justamente um som. O som não está
ali como ingrediente e não está posto como existência e,
no entanto, embora se encontre no modo da representação, vem a uma espécie de dar-se, e isso com evidência.

EDMUND HUSSERL

E sobre a base deste dado pode fundar-se a consciência evidente do universal, como também sobre a base do dado da percepção.

Fomos, depois, em frente: dirigimos o olhar para todos os outros modos do conhecimento, para todos os fenómenos que se compreendem sob o conceito vastíssimo de conhecimento. Digo vastíssimo porque há vários nele compreendidos e, entre estes, o conceito pleníssimo de conhecimento como evidência. Em toda a representação, inclusive na representação simbólica, na representação do absurdo, e é indiferente se é uma posição judicativa ou não, encontramos algo assim como dado, quer se chame dado impróprio ou o não-dar-se disto ou daquilo. Temos sempre a oposição admirável entre o aparecer e o que aparece, ou entre o intentar vazio e o intentado; e «aparecer» é sempre o nome de um fenómeno peculiarmente consciente e que corresponde exactamente à índole respectiva do dado; e sempre o aparecer é algo que induz o que aparece a dar-se e, no entanto, não o tem em si como ingrediente.»

PRIMEIRA LIÇÃO

[26] O seguinte texto foi posto por Husserl entre parênteses rectos a lápis e estava destinado a servir de prólogo. Visto que Husserl não escreveu depois nenhum verdadeiro prólogo, Landgrebe omitiu-o na sua cópia:

«Pode, certamente, parecer arrogância que eu ouse fazer uma censura tão grave, a mais grave que se lhe pode fazer, contra a filosofia contemporânea e, inclusive, toda a filosofia até agora, mesmo a que adoptou métodos filosóficos genuínos. No entanto, aqui de nada serve dissimular e, porque se trata de um assunto importante, devo enfrentar a aparência de arrogância. É minha obri-

A IDEIA DA FENOMENOLOGIA | 123

gação dizer o que me ensinou a mais pura investigação e refutar com razões ponderadas o que se contrapõe à verdade intuída.

Além disso, sei muito bem o pouco crédito que podem encontrar hoje em dia as pretensões de grandes *descobertas*, de *revoluções lógicas* na filosofia. Cada catálogo de feira de livros anuncia novas em abundância. Estas 'descobertas', nados mortos, não procedem só do diletantismo ingénuo, mas também da filosofia cientifico-familiar das cátedras, que continua a representar novos jogos de sombras chinesas com as fraseologias exangues das filosofias do passado só novamente conjugadas, e que gostaria de persuadir o mundo inteiro de que é uma filosofia viva.

Creio que ideias pensadas de um modo inteiramente pessoal, adquiridas num trabalho de anos, repetidamente vividas, examinadas, emendadas, podem ao menos aspirar a ser seriamente mediatadas e ponderadas. Arrancadas a um espírito dubitativo e até excessivamente cauteloso e quase céptico, talvez as presentes exposições contenham verdades permanentes. Todo o leitor de visão profunda desta obra inacabada e incompleta comprovará que se trata de dilucidações últimas de evidências, que já dominavam inteiramente as minhas *Investigações Lógicas*.»

SEGUNDA LIÇÃO

[32] / Husserl fornece esta recapitulação porque /a/ uma pergunta de um ouvinte lhe fez ver que o encadeamento da lição não fora claro.

[35] / Nota posterior a lápis: «Aparentemente, uma /b/ e outra coisa são o mesmo. E, na realidade, isto não é ainda tudo: o estar dado mediante um *aparecer*, que só pode exibir como numa coisa [física], e o estar dado da *cogitatio* não precisam de ser perfeitamente claros; po-

124 | EDMUND HUSSERL

dem também ser um simples estar-ainda-dado, como na retenção. Mas é sempre um estar dado absoluto, como um absoluto estar auto-intuído; o próprio absoluto, como tal, também pode estar representado e rememorado, mas nunca é um estar dado mediante um aparecer.»

/c/ [36] / Acrescentamento a lápis: «A posição mediata da transcendência pressupõe a posição imediata da transcendência? Haveria, primeiro, que demonstrar isso, e já é certo.»

/d/ [38] / Anotação marginal de Husserl a este parágrafo: «Saber previamente dado, que significa isso? Quer dizer: juízo, em vez de intuição. Mas, se é intuição, tem de ser então intuição adequada. Em todo o caso, distinção entre saber e intuir.»

QUARTA LIÇÃO

/a/ [57] / O texto dos três parágrafos seguintes não foi exposto na aula.

QUINTA LIÇÃO

/a/ [69] / Nota à margem: «Significa aqui, porém, a redução duas coisas: a) Desconexão da existência, no caso de se tratar de uma posição semelhante à da recordação; b) Desconexão dos lados do objecto fantasiado não intuídos, que não se exibem realmente no modo da fantasia? Não; não se trata de intuição, mas de imanência: portanto, do fenómeno, tal como é fenómeno da fantasia, ou seja, do esboço de cor, etc.»

/b/ [73] / Anotação marginal a lápis: «O representado simbolicamente e o pensado conceptualmente como tal.»

A IDEIA DA FENOMENOLOGIA |125

[76] / No final do manuscrito, encontra-se a seguinte /c/
nota a lápis de Husserl: «Importa ainda mais uma vez
pensar a relação entre fenomenologia e psicologia. Em
virtude da constituição de cada objectalidade no conhecimento, corresponde a cada axioma um conhecimento
constituinte no sentido pleno e, assim, um nexo essencial
dos fenómenos, isto é, uma regra para conexões psicológicas. Até que ponto, pois, toda a verdade evidenciada
remete para um tal nexo essencial, etc.»

GLOSSÁRIO DE ALGUNS TERMOS

allgemein, Allgemeinheit(e) – universal, universalidade
Erlebnis(s) – vivência
Gegebenheit(e) – dado, dar-se
Gegebenheit(s) – o estar dado
gegenständlich – objectal
Gegenständlichkeit(e) – objectalidade
meinen – intentar, visar
objektiv – objectivo
real – real
reell – ingrediente, incluso
Sachverhalt(r) – estado de coisas (também se poderia ter
  traduzido por 'situação objectiva')
Selbstgegebenes(s) – o dado em si mesmo, autodado
Selbstgegebenheit(e) – dado em si mesmo, dar-se em si
  mesmo, autopresentação
Triftigkeit(e) – apreensibilidade
Wesensanalyse(e) – análise de essências
Wesenserfassung(e) – apreensão de essências

ÍNDICE DE NOMES

Beethoven, 110
Descartes, 26, 27, 49, 52, 56, 74, 76
Dilthey, 10
Heraclito, 72
Hume, 41, 62
Kant, 10, 31, 73

Índice

Advertência do tradutor 7

Introdução do editor alemão 9

Para a segunda edição 15

Encadeamento das Ideias das Lições 19

I Lição 35
Atitude intelectual natural e ciência natural [17]
Atitude intelectual filosófica (reflexiva) [18]
As contradições da reflexão sobre o conhecimento
na atitude natural [20]
A dupla tarefa da verdadeira crítica do conhecimento [22]
A verdadeira crítica do conhecimento como fenomenologia do conhecimento [23]
A nova dimensão da filosofia; o seu método próprio
perante a ciência [24]

II Lição 49
O começo da crítica do conhecimento: o pôr-em-
-questão de todo o saber [29]

132| EDMUND HUSSERL

Obtenção do solo absolutamente seguro, em ligação
com a meditação cartesiana sobre a dúvida [30]
A esfera dos dados absolutos [31]
Repetição e complemento; refutação do argumento
contra a possibilidade de uma crítica do conhecimento [32]
O enigma do conhecimento natural: a transcendência [34]
Demarcação de dois conceitos de imanência e transcendência [35]
O primeiro problema da crítica do conhecimento: a
possibilidade do conhecimento transcendente [36]
O princípio da redução gnoseológica [39]

III Lição 65
A realização da redução gnoseológica: a desconexão
de todo o transcendente [43]
O tema da investigação: os fenómenos puros [44]
A questão da «validade objectiva» dos fenómenos
absolutos [47]
Impossibilidade do confinamento a dados singula-
res; o conhecimento fenomenológico como conhe-
cimento de essências [50]
Os dois significados do conceito de «*apriori*» [51]

IV Lição 79
Ampliação da esfera de investigação por meio da
intencionalidade [55]
A autopresentação do universal; o método filosófico da análise de essências [56]
Crítica da teoria emocional da evidência; a evidência; a evidência como autopresentação [59]
A não limitação à esfera da imanência ingrediente;
tema – toda a autopresentação [60]

A IDEIA DA FENOMENOLOGIA | 133

V Lição 93
A constituição da consciência do tempo [67]
A apreensão das essências como o dar-se evidente da
   essência; a constituição da essência singular e
   da consciência da universalidade [68]
Os dados categoriais [71]
O simbolicamente pensado como tal [73]
O domínio de investigação no seu mais vasto âmbito: a constituição dos diversos modos de objectalidade no conhecimento; o problema da correlação entre conhecimento e objectalidade
   do conhecimento [73]

Anexos 107
   Anexo I 109
   Anexo II 113
   Anexo III 115

Apêndice crítico 117

A propósito do estabelecimento do texto 119

Notas críticas 121

Glossário de alguns termos 127

Índice de nomes 129

Textos Filosóficos

1. *Crítica da Razão Prática*, Immanuel Kant
2. *Investigação sobre o Entendimento Humano*, David Hume
3. *Crepúsculo dos Ídolos*, Friedrich Nietzsche
4. *Discurso de Metafísica*, Immanuel Kant
5. *Os Progressos da Metafísica*, Immanuel Kant
6. *Regras para a Direcção do Espírito*, René Descartes
7. *Fundamentação da Metafísica dos Costumes*, Immanuel Kant
8. *A Ideia da Fenomenologia*, Edmund Husserl
9. *Discurso do Método*, René Descartes
10. *Ponto de Vista Explicativo da Minha Obra de Escritor*, Sören Kierkegaard
11. *A Filosofia na Idade Trágica dos Gregos*, Friedrich Nietzsche
12. *Carta sobre a Tolerância*, John Locke
13. *Prolegómenos a toda a Metafísica Futura*, Immanuel Kant
14. *Tratado da Reforma do Entendimento*, Bento de Espinosa
15. *Simbolismo: Seu Significado e Efeito*, Alfred North Withehead
16. *Ensaio sobre os Dados Imediatos da Consciência*, Henri Bergson
17. *Enciclopédia das Ciência Filosóficas em Epítome (Vol. I)*, Georg Wilhelm Friedrich Hegel
18. *A Paz Perpétua e Outros Opúsculos*, Immanuel Kant
19. *Diálogo sobre a Felicidade*, Santo Agostinho
20. *Princípios da Filosofia do Futuro*, Ludwig Feuerbach
21. *Enciclopédia das Ciência Filosóficas em Epítome (Vol. II)*, Georg Wilhelm Friedrich Hegel
22. *Manuscritos Económico-Filosóficos*, Karl Marx
23. *Propedêutica Filosófica*, Georg Wilhelm Friedrich Hegel
24. *O Anticristo*, Friedrich Nietzsche
25. *Discurso sobre a Dignidade do Homem*, Giovanni Pico della Mirandola
26. *Ecce Homo*, Friedrich Nietzsche
27. *O Materialismo Racional*, Gaston Bachelard
28. *Princípios Metafísicos da Ciência da Natureza*, Immanuel Kant
29. *Diálogo de um Filósofo Cristão e de um Filósofo Chinês*, Nicholas Malebranche
30. *O Sistema da Vida Ética*, Georg Wilhelm Friedrich Hegel
31. *Introdução à História da Filosofia*, Georg Wilhelm Friedrich Hegel
32. *As Conferências de Paris*, Edmund Husserl
33. *Teoria das Concepções do Mundo*, Wilhelm Dilthey
34. *A Religião nos Limites da Simples Razão*, Immanuel Kant
35. *Enciclopédia das Ciência Filosóficas em Epítome (Vol. III)*, Georg Wilhelm Friedrich Hegel
36. *Investigações Filosóficas sobre a Essência da Liberdade Humana*, F. W. J. Schelling
37. *O Conflito das Faculdades*, Immanuel Kant
38. *Morte e Sobrevivência*, Max Scheler
39. *A Razão na História*, Georg Wilhelm Friedrich Hegel
40. *O Novo Espírito Científico*, Gaston Bachelard

41. *Sobre a Metafísica do Ser no Tempo*, Henrique de Gand
42. *Princípios de Filosofia*, René Descartes
43. *Tratado do Primeiro Princípio*, João Duns Escoto
44. *Ensaio sobre a Verdadeira Origem, Extensão e Fim do Governo Civil*, John Locke
45. *A Unidade do Intelecto contra os Averroístas*, São Tomás de Aquino
46. *A Guerra e A Queixa da Paz*, Erasmo de Roterdão
47. *Lições sobre a Vocação do Sábio*, Johann Gottlieb Fichte
48. *Dos Deveres (De Officiis)*, Cícero
49. *Da Alma (De Anima)*, Aristóteles
50. *A Evolução Criadora*, Henri Bergson
51. *Psicologia e Compreensão*, Wilhelm Dilthey
52. *Deus e a Filosofia*, Étienne Gilson
53. *Metafísica dos Costumes, Parte I, Princípios Metafísicos da Doutrina do Direito*, Immanuel Kant
54. *Metafísica dos Costumes, Parte II, Princípios Metafísicos da Doutrina da Virtude*, Immanuel Kant
55. *Leis*. Vol. I, Platão
58. *Diálogos Sobre Religião Natural*, David Hume
59. *Sobre a Liberdade*, John Stuart Mill
60. *Dois Tratados do Governo Civil*, John Locke